KB263837

아비투어 철학 논술 4

●

중급편

철학자가 들려주는 철학 이야기
아비투어 철학 논술 – 중급편 4

ⓒ 유성선, 박은홍, 최지윤, 이정배, 소병일, 김광식, 2011

초판 1쇄 인쇄일 | 2011년 6월 21일
초판 1쇄 발행일 | 2011년 6월 30일

지은이 | 유성선, 박은홍, 최지윤, 이정배, 소병일, 김광식
펴낸이 | 강병철
펴낸곳 | (주)자음과모음

주　　간 | 정은영
제　　작 | 장성준, 김우진
마 케 팅 | 박제연, 정지운
영　　업 | 조광진, 안재임, 강승덕

출판등록 | 2001년 5월 8일 제20－???호
주　　소 | 121－753 서울시 마포구 동교동 165－1 미래프라자빌딩 7층
전　　화 | 편집부 (02)324－2347, 총무부 (02)325－6047
팩　　스 | 편집부 (02)324－2348, 총무부 (02)2648－1311
e－mail | jmseries@jamobook.com
Home page | www.jamo21.net

ISBN 978－89－544－2685－5 (04100)
ISBN 978－89－544－2681－7 (set)

• 잘못된 책은 교환해 드립니다.

아비투어 철학 논술

중급편

4

|주|자음과모음

차례

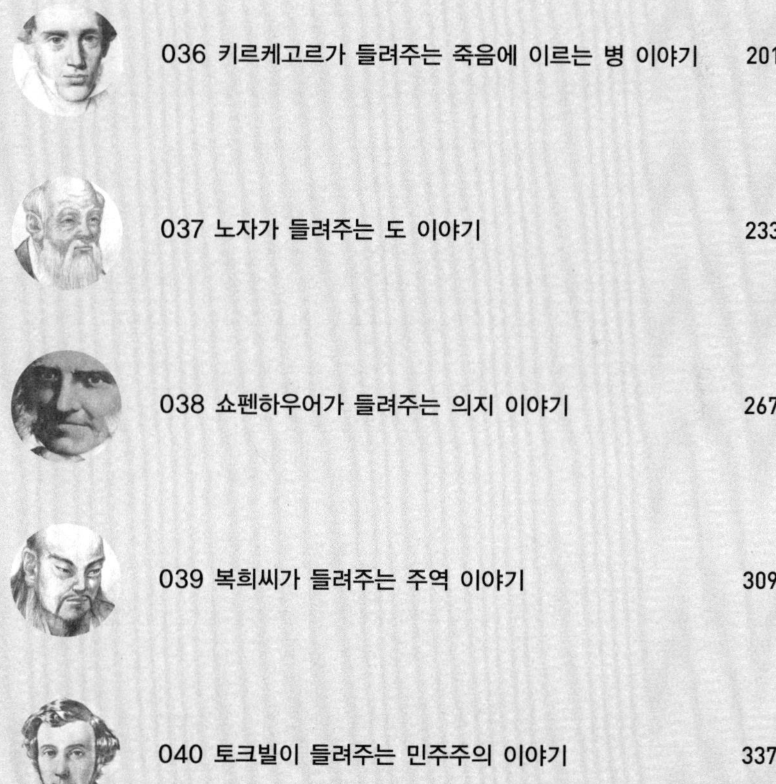

철학자가 들려주는 철학이야기 031

모택동이 들려주는 건국 이야기

저자_ 유성선
현재 강원대학교 철학과 교수로 재직 중이다.

모택동의 투쟁

1. 《모순론》
2. 《실천론》
3. 대장정
4. 대동사상

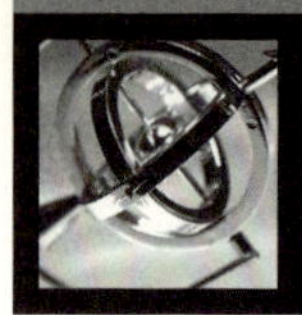

모택동의 투쟁

1 《모순론》

모순론은 모택동의 논문이다. 그는 거기에서 '신민주주의'에 대한 자신의 의지를 달성하기 위해서는 객관적인 현실토대가 없는 '주관주의'와 이성적 인식을 소홀히 하는 '경험주의'의 문제를 극복하여야 한다고 주장한다. 그는 논문의 마지막 결론에서 "모순의 특수성, 또는 상대성을 연구할 때는 모순의 주요한 것과 주요하지 않은 것과의 구별에 주의를 돌려야 하며, 모순의 보편성 또는 투쟁성을 연구할 때는 모순의 상이한 각종 투쟁 형태의 구별에 주의를 돌려야 한다. 그러하지 않으면 오류를 범하게 된다"고 말하여, 이렇게만 한다면 교조주의와 경험주의들의 오류에서 벗어날 수 있다고 하였다.

2 《실천론》

1937년에 중국의 모택동이 지은 철학서이다. 중국 공산당 내의 교조주의를 극복하기 위하여 쓴 것으로, 변증법적 유물론의 입장에서 인식과 실천 및 행동의 통일을 주장하고 혁명의 이론적 무기로 삼았다. 《실천론》은 당시 중국 공산당 내부의 사정에 대한 날카로운 비판이기도 하다. 당시 중국 공산당에는 마르크스주의 이론만을 철저하게 따르고자 하는 사람들(교조주의자)과 그때까지의 혁명 투쟁 경험만을 근거로 맹목적으로 투쟁을 계속하려는 사람들(경험주의자)이 있었다. 모택동은 그러한 두 부류의 사람들을 모두 비판한다.

모택동은 이론과 실천의 통합을 주장하는데, 이는 인식과 실천의 관계 또는 앎과 행함의 관계에 대한 이론이라고도 할 수 있다. 예를 들어 농사를 지으면서 땅을 갈고, 농작물을 키우고, 가축을 기르고, 고기를 잡으면서 인간은 자연의 법칙을 깨달아 나간다. 그러면서 이러한 경험을 토대로 자연에 대한 이론을 세우고 다시 그 이론을 바탕으로, 자연 속에서 노동을 통해 인간의 삶을 보다 풍요롭게 만들어 나간다.

3 대장정(大長征)

1934~1935년 중국의 홍군(紅軍)이 장시성[江西省] 루이진[瑞金]에서 산시성의 북부까지 국민당군과 전투를 하면서 1만 2,500킬로미터를 걸어서 이동한 행군을 말한다. 대서천(大西遷)이라고도 한다.

대장정은 모택동이 공산당에서 지도력을 확립하는 계기가 되었으며, 또한 이를 통하여 공산당은 국민당의 지배력이 닿지 않는 근거지에서 전열을 가다듬을 수 있었다. 공산당은 옌안을 근거지로 하여 힘을 키운 결과 국공 내전을 승리로 이끌었고 마침내 중국 전역을 장악하게 되었다.

  사람이 천지와 만물과 서로 융합하여 한 덩어리가 된다는 말이었는데, 유가학파들은 이 사상의 논리적 근거를 경서인 《예기(禮記)》의 〈예운편(禮運篇)〉에 두고 있다. 큰 도[大道]가 행해지고 어진 사람과 능력 있는 자가 버려지지 않으며, 가족주의에 얽매이지 않고, 노인은 자기의 생을 편히 마치고, 젊은이는 모두 일할 수 있으며, 노약자·병자·불쌍한 자들이 부양되며, 길에 재물이 떨어져도 줍지 않는 세상이 바로 대동 세계라는 것이다. 모택동은 이러한 중국의 전통적인 대동사상을 매우 중요시하였는데, 이 사상이 자신의 시대에 실현될 수 있도록 자신의 철학적 사상에 접목하였다. 당시 일본 제국주의의 중국 침략으로 대다수의 국민들이 고통을 당하고 있었다. 모택동은 이를 몰아내기 위해 온갖 노력을 기울였으며, 중국에 일본 제국주의가 침략해 서민들이 고통을 당하는 어려운 상황 속에서도 일부 몰지각한 부자와 권세가들이 자신들의 이익만을 추구하자, 그들을 비판하며 맞서 싸웠다. 즉, 그는 배우지 못하고 가난한 사람들이 자신들의 권익을 보호받고 권리를 회복하도록 노력하였던 것이다. 결국 모택동의 대동사상은 새로운 조국 건설이라는 혁명을 성공으로 이끄는 기폭제가 되었다.

모택동은 누구인가?

모택동은 중국의 정치가, 공산주의 이론가이자 시인이었다.

후난성(湖南省) 샹탄현(湘潭縣) 사오산(韶山)에서 출생하였으며, 가난한 농민의 아들로 아버지의 농사일을 도우며 8세 때 초등학교에 입학해 13세까지 《논어》와 《사서(四書)》 등을 공부하였으나, 아버지의 반대로 진학을 못하고 16세까지 농사일을 도왔다. 1909년 둥산(東山)고등소학에 들어간 뒤, 다시 창사(長沙)의 샹샹(湘鄉)중학으로 옮겼고, 동맹회 〈민립보(民立報)〉의 열렬한 독자가 되어 반청론(反淸論)이나 혁명론에 깊은 감동을 받았다.

1911년 10월 신해혁명이 일어나자 혁명군에 입대하였다가 1912년 제대한 뒤 제1중학에 입학하였으며, 다시 제1사범학교에 들어갔다. 모택동은 이 학교에서 영국에서 유학하고 들어온 지식인이자 중국의 봉선사상 비판에 힘썼던 교사 양창지를 만났다.

1918년 학교를 졸업한 뒤 베이징(北京)으로 가서 다시 양창지에게 유물론적 철학과 윤리학 강의를 받았고, 비밀 학생 단체들과 접촉하면서 무정부주의에 관한 책을 많이 읽었으며, 이를 계기로 그의 사상은 마르크스주의로 기울게 되었다.

1919년 5 · 4운동 발발 후에는 후난학생연합회를 설립하고 《샹장평론(湘江評論)》을 펴냈으나 곧 폐쇄당하게 되자 베이징으로 도망쳤으며, 러시아혁명에 관한 책을 두루 섭렵하였다.

1924년의 국공합작(國共合作)과 국공분열(國共分裂)을 거친 뒤 1934년 10월 루이진에서 산시성(陝西省) 옌안(延安)까지의 1만 2,500킬로미터에 이르는 대서천(大西遷)을 시작하였고, 도중에 구이저우성(貴州省) 쭌이(遵義)회의에서 당 지도권을 장악하였다. 시안사건(西安事件)을 거쳐 국공합작에 성공하자 항일(抗日)민족통일전선을 수립하고, 홍군을 국민혁명 제8로군으로 개편하여 일본군에 대항하였다. 그리고 《지구전론(持久戰論)》(1938), 《신단계론(新段階論)》(1938), 《신민주주의론》(1940)을 발표하였는데, 마지막 것은 중국 공산당 강령으로 채택되었다.

1946~1948년 내전을 벌여 승리하였고, 1949년 10월 1일 중화인민공화국 정부를 베이징에 세우고 국가 주석 및 혁명군사위원회 주석으로 뽑혔다. 1958년 제2차 5개년계획의 개시와 더불어 '총노선', '대약진', '인민공사' 등 이른바 3면홍기(三面紅旗)운동을 폈다. 1959년 4월 국가 주석을 사임하고 죽을 때까지 당 주석으로만 있었다. 1964년 4월 《모택동 어록(毛澤東語錄)》을 간행시켰고, 1960년 이후의 중소 논쟁과 문화대혁명 기간을 통하여 '모택동 사상'을 높이 내걸었다.

1970년 헌법 수정 초안을 채택하여 1인 체제를 확립하고 중국 최고 지도자로 군림하였으나, 사망하기 직전인 1976년 4월 대중 반란이라고도 할 천안문사건(天安門事件)이 일어나 위대한 영웅 · 독재자 모택동은 완전히 고립된 채 죽음을 맞이하였다.

요컨대, 모택동은 중국의 독립과 주권을 회복하고, 중국을 통일하여 외세에 의해 국토를 유린당한 중국민들의 자존심을 세우고, 관료 제도를 견제하고 대중의 정치 참여를 유도하여, 중국의 자립을 확립하는 데 공헌하였으나, 개혁 정책인 대약진운동과 문화대혁명은 비판 받고 있다.

　주요 저서로는 《모순론》, 《실천론》, 《신민주주의론》 등이 있다.

1 신해혁명

신해혁명은 중국 민족 자산 계급이 주도한 혁명으로 청나라를 무너뜨리고 중국 역사에서 처음으로 공화국을 수립한 혁명이다. 1911년 무창 봉기로 시작되어 남경 임시 정부가 건립(1912.1.1)되었다. 전기에는 손중산이 임시 대총통으로 추대되어 자산 계급 혁명파를 주체로 한 정부를 설립하였다. 그러나 후기에는 북양군벌 위안스카이가 혁명의 결과를 찬탈해 임시 총통으로 되면서 군벌 독재 통치가 건립되었다.

2 국공합작

제1차 국공합작은 1924년 1월~1927년 4월 사이에 있었던 중국 공산당과 중국 국민당 사이의 연합 전선을 뜻한다.

제2차 국공합작은 1936~1945년 사이에 있었던 중국 공산당과 중국 국민당 사이의 연합 전선을 뜻한다.

3 천안문 사건

모택동 체제 말기인 1976년 4월에 있었던 대중 반란이다.

등소평은 후야오방과 자오쯔양을 자신의 후계자로 정하고 그들을 정치적으로 후원하였다. 그러나 1982년 당 총서기에 취임한 후야오방은 등소평의 기대와 달리 사상 해방, 언론 자유, 개인 자유의 신장, 법치주의, 당내 민주화 등 과감한 정치 개혁을 추진하였다. 이러한 정치 개혁은 당내 보수파들의 반발을 불러일으켰고, 결국 후야오방은 당 총서기직에서 물러나야 했다. 1989년 4월 15일, 후야오방은 오랜 침묵 끝에 사망했다.

중국의 시위 사태는 근본적으로 모택동을 중심으로 한 실용파가 집권하면서부터 추진해 온 개혁·개방 정책이 중국인의 생활수준 향상과 함께 제반 정치·경제적 부작용을 양산함에 따라 정부에 대한 불만이 심했기 때문이다. 그 불만은 공산당에 대한 비판으로 이어졌고, 후야호방의 정치 개혁 노선은 많은 이들의 공감을 얻었다. 등소평은 경제 개혁을 통해 중국의 근대화와 강대국 도약을 추진하였지만, 정치 개혁을 할 의사는 없었던 것이다.

4 문화대혁명

1950년대 말 대약진 운동이 좌절된 이후 중국 공산당 내부에 사회주의 건설을 둘러싼 노선 대립이 생겨났다. 최고 지도자였던 모택동은 대중 노선을 주장하였으나, 류사오치·덩샤오핑 등의 실용주의자들은 공업 및 전문가를 우선시할 것을 주장하였다. 1962년 9월 중앙위원회 전체 회의에서 모택동은 계급투쟁을 강조하고, 수정주의를 비판함으로써 반대파들을 공격하기 시작하였다. 이후 모택동에 의해 1966년부터 1976년까지 10년간 주도된 극좌 사회주의 운동이 바로 '문화대혁명' 이다.

사회주의에서 계급투쟁을 강조하는 대중운동을 일으키고, 그 힘을 빌려 중국 공산당 내부의 반대파들을 제거한 일종의 권력 투쟁이다. 모택동의 사망 이후 중국 공산당은 문화대혁명에 대해 '극좌적 오류' 였다는 공식 평가를 내렸다.

5 변증법

모순 · 대립 · 종합을 정 · 반 · 합의 논리로 밝히는 연구 방법이다.

6 교조주의

무비판적인 독단론이나 독단주의를 말하며, 어떤 교리나 이론들을 과학적 · 비판적 검토없이 무조건적으로 신봉하는 주의이다.

7 시안사건

1936년 12월 중국 시안에서 장제스가 감금된 사건으로 장쉐량이 양후청과 함께 산시성 북부의 중국 공산당군을 포위한 채, 국공 내전의 정지와 거국 일치에 의한 항일을 요구한 사건이다.

02강 모순론

국내 연구진이 세계 최초로 인간 배아 복제에 성공하였다. 1998년 세계 최초로 소 복제에 성공한 바 있는 국내의 한 연구진이 사람에게서 발취한 체세포를 이용한 복제 실험에서 배아를 배양하는 데 성공하였다고 발표하였다 뿐만 아니라, 이 연구진은 세계 최초로 성공한 체세포 복제를 통한 인간 배아 줄기세포 추출 기술의 국제 특허를 출원하였다. 인간 배아 복제 연구는 난치병 치료뿐만 아니라 생명 공학 분야에서 선진국보다 앞서 세계적 경쟁력을 갖추기 위해 중요한 분야이다.

생각 쓰기

1 인간 배아 복제

정자와 난자의 수정을 통하지 않고 인공적으로 수정란을 분할 시키거나 혈액 · 신체 조직 등에 들어 있는 체세포만을 이용해 복제해 낸 배아를 말한다. 즉, 수정란 분할이나 체세포의 핵 이식 등으로 탄생한 배아로, 이 기술을 이용하면 체세포만으로도 자신과 닮은 개체를 만들어 낼 수 있어 결국 복제 인간의 탄생도 가능하다고 한다.

2 생명공학

생명공학이란 생물에 특유한 유전 · 증식 · 대사 기능 등을 연구하여 얻어진 결과를 산업에 응용하는 것이다. 대표적인 생명공학 분야는 유전물질의 변화를 유도하는 유전공학이다. 유전공학의 성과로서 들 수 있는 것은 인터페롤과 같은 천연 항암불 개발, 체세포나 생식세포의 유전조작에 대하여 유진병을 치료하는 유전자 요법 개발 등이 있다.

03강 대동의 의미

case 1 제시문 ㉮, ㉯를 읽고, 공통점은 무엇이며 그것이 우리 사회에 미치는 영향을 서술하시오.

㉮ 한국사회복지협의회, 삼성전자, 국민일보가 주관하는 '제30회 새내기사회복지상' 수상자로 선정된 정선영 씨는 대전시 청소년 여자 쉼터의 '가장 무서운 선생님'이다.

쉼터 청소년들이 잘못을 할 때면 누구보다도 매섭게 꾸짖으며 잘못을 일깨워 주기 때문이다. 물론 그 후에는 청소년들이 다시 기를 펼 수 있도록 격려하고 지지해 주는 엄마로 돌아온다.

"소외되고 힘들어하는 청소년을 접하게 된 건 큰 경험이자 재산이었어요. 아이들을 도와주기보다는 아이들을 통해 인생을 배우고 경험하게 됐지요. 아이들에게 무엇인가 나누어 주는 사람이 되고 싶다고 생각했습니다."

정씨는 쉼터에 입소한 청소년들을 상담해 주는 일을 하고 있다. 가출 후 갈 곳이 없어 쉼터를 찾거나, 학교에서 잘못을 저질러 특별 교육 이수 명령을 받은 아이들이 정씨의 주된 내담자이다.

정씨가 하는 일은 상담 외에도 많다. 매월 주 1회 거리에 나가 청소년들을 만나

면서 예방 상담을 하고, 어려움에 처해 있는 아이들을 쉼터로 데려오는 일은 2002
년부터 지금까지 매월 한 차례도 빼먹지 않았다. 지금까지 만난 아이들이 2만여
명에 상담 건수 1만 5,000여 건, 정씨와 상담한 후 학교로 돌아간 아이들도 100명
이 넘는다.

　"힘들지만 잘 버티면서 자신의 길을 찾아가는 아이들을 보면 저 역시 저절로 힘
이 솟아요. 아이들과 가장 가까운 위치에서 엄마처럼, 친구처럼, 동반자처럼 다가
갈 수 있는 사회복지사가 되고 싶습니다."

　상을 받게 되면서 초심을 간직한 새내기의 자세로 일하고 있는지 스스로 질문
해 보게 됐다는 정선영 사회복지사. 정씨의 모습은 4년 전보다 더 뜨겁고 열정적
인 '새내기'였다.

🕓　"우리가 미처 모르고 지나친 게 있어. 우리는 사람들을 바보라며 가르쳐야 한
다고 했어. 그들의 마음을 헤아리고 어루만지기보다 우리를 뽐내기 바빴던 거지.
우리 모순 마을에서도 그랬잖아. 우리 주장만 밀어붙였지 마을 사람들의 생각은
물어도 안 봤지. 우리도 장씨와 다를 바 없었던 거야. 우쭐대며 잘난 체한 거라고.
그래, 그래서 우리가 마을에서 쫓겨난 거야."

　택준은 자기 잘못을 알았습니다. 친구들도 택준의 말에 고개를 숙였습니다.

　"택준의 말이 맞아. 우리가 사람들을 업신여긴 거야. 우리가 잘못했군."

　"앞으로 어떡하면 좋은가?"

　다시 침묵이 흘렀습니다. 각자 사람들을 위하는 것이 무엇인지 고민했습니다.

시간이 흘러, 생각을 정리하고 택준이 먼저 입을 열었습니다.

"옳고 그른 기준을 우리 눈높이로 정하는 게 아니라 마을 사람들의 눈높이에 맞추는 거야."

"그게 무슨 소린가?"

"마을 사람들의 생각에 우리 생각을 맞추는 거라고 말해 두지. 그들의 이야기를 듣고 그들이 진정 원하는 게 무엇인지 알아보는 거야. 그런 뒤에 행동으로 옮기는 거지."

"마을 사람들의 마음에 귀 기울이라는 말인가?"

"그렇다네."

택준과 친구들은 토론에 토론을 거듭하여 결론을 냈습니다. 마을 사람들의 눈높이에 자신들의 생각을 맞추기로 했습니다. 택준과 친구들은 다시 용기를 냈습니다.

길을 걷고 또 걸어 어떤 마을에 다다랐습니다. 이 마을도 지금껏 들렀던 마을과 다를 바가 없었습니다. 마을 땅의 대부분은 두세 사람이 가지고 있었고, 마을 사람들은 그 땅에서 농사를 짓고 품삯을 받았습니다. 또한 땅을 가진 지주는 농사일을 호되게 부려 먹다가 품삯을 줄 때가 되면 품삯을 깎거나, 차일피일 미루었습니다.

마을 사람들은 택준 등을 반갑게 맞아 주었습니다. 택준은 마을 사람들에게 물었습니다.

"힘든 농사일을 하고도 품삯을 제대로 못 받으니 힘드시죠?"

택준의 따뜻한 말에 마을 사람들은 경계심을 풀고, 마음을 털어놨습니다.

"힘들지. 하지만 어쩌겠어. 우리야 땅이 없으니, 당연히 땅 가진 사람 맘대로 해도 할 말이 없지. 휴, 언제쯤 허리 펴고 살 날이 오려나."

택준과 친구들은 그 말에 가슴이 찡했습니다. 어떻게든 이 사람들을 도와주어야겠다는 마음이 생겼습니다. 예전에는 가르쳐야겠다고 했던 생각이 이젠 도와주어야 한다는 마음으로 바뀌었습니다.

"언젠가 땀 흘려 일하는 사람이 잘사는 세상이 오겠지요. 그래야 하고요. 용기를 잃지 마세요."

자신들의 마음을 헤아릴 줄 아는 택준에게서 마을 사람들은 용기를 얻었습니다. 그러면서 그 방법을 먼저 물었습니다.

"우리가 잘살 수 있는 방법이 있기는 한가?"

"자식들한테만은 땅 한 뙈기라도 물려주고 싶네. 어떻게 하면 되겠나?"

도리어 택준과 친구들은 마을 사람들의 반응에 놀랐습니다. 무엇이 사람들을 위하는 일인지 깨달았습니다. 이제껏 자기들이 저지른 실수를 반성했습니다.

마을 사람들을 위해 택준과 친구들은 심부름을 했습니다. 사람들을 불러 모으고, 방법을 알렸습니다. 마을 사람들 스스로의 힘으로 악덕 지주에게 빼앗겼던 권리를 찾도록 했습니다. 지주에게 땅을 나누어 받으며 사람들은 기뻐 눈물을 흘렸습니다. 택준과 친구들에게 몹시 고마워했습니다. 택준 등도 역시 기쁨의 눈물을 흘렸습니다.

택준과 친구들은 다시 길을 떠났습니다. 수천 킬로미터나 되는 길을 걷고 또 걸었습니다. 여전히 그들에게는 쌀 한 톨, 옷 한 벌 제대로 가진 것이 없었습니다. 처음과 마찬가지로 빈털터리였습니다.

　그러나 달라진 점이 있었습니다. 사람들을 떠받들 줄 아는 마음, 진정으로 사람을 사랑하는 방법을 알게 된 것입니다. 택준과 친구들은 가는 곳마다 마을 사람들의 환영을 받았습니다. 자기들의 처지를 이해하고 도와주려는 사람들을 싫어할 리 없었습니다.

– 《모택동이 들려주는 건국 이야기》 중에서

생각 쓰기

사회복지

국민의 생활 안정 및 교육 · 직업 · 의료 등의 보장을 포함하는 복지를 추구하기 위한 사회적 노력, 즉 넓은 의미의 사회적 대책을 총칭한다.

사회보장제도 등의 밑바탕에 공통적으로 작용하는 정책 목표, 또는 이들 정책이나 제도가 실현하려고 지향하는 목적 개념으로서 파악하는 경우도 있으나, 보통은 제도적 개념으로 사용한다.

좁은 뜻의 사회복지는 아동 · 노인 · 장애인에 대하여 금전 급부 이외의 이른바 서비스 급부의 방법으로 행하여지는 여러 활동을 의미한다. 또 여기에 공적 부조(公的扶助: 생활 곤궁자에 대하여 국가 또는 지방자치체가 자력 조사를 매개로 행하는 경제적 부조)를 덧붙인 사회복지사업과 동의어(同義語)로 쓰는 경우가 있다.

넓은 뜻의 사회복지는 사회사업 이외에 사회정책 · 사회보장 · 주택 보장 · 공중위생 · 비행 문제 대책 등을 포함하는데, 영국과 미국의 사회복지는 이와 같이 넓은 의미로 쓰이는 경우가 많다

아비투어 철학 논술

예시 답안

case 1

모택동은 후난성(湖南省)에서 가난한 농민의 아들로 태어났다. 1909년 둥산(東山)고등소학에 들어간 뒤 창사(長沙)의 중학으로 옮겼고, 동맹회 〈민립보(民立報)〉의 신문에 실린 반청론(反淸論)이나 혁명론에 많은 감동을 받았다. 1911년 10월 신해혁명때 혁명군에 가담 하였다가 제1사범학교에 입학하여, 자신의 사상형성에 결정적인 영향을 끼친 양창지를 만났다. 양창지로부터 유물론적 철학과 윤리학을 사사받고 마르크스주의에 심취하게 되었다. 1934년 10월 루이진에서 산시성까지의 1만 2,500킬로미터에 이르는 대장정을 거치면서 당 지도권을 장악하였다. 1946~1948 장개석과의 내전에서 승리한 후, 1949년 10월 1일 중화인민공화국을 세웠다.

모택동은 비록 1976년 4월의 '천안문사건' 때문에 쓸쓸한 최후를 맞이하였으나, 중국의 독립과 주권을 회복하고, 중국의 자존심을 세웠으며, 대중의 정치참여를 유지하여 중국의 자립에 큰 공헌을 하였다.

주 제 탐 구 **02**강 모순론

case 1

인간의 생명을 구하기 위해 또 다른 인간적 생명체를 기계부품처럼 이용하는 것은 모순이라고 본다.

물론 가치를 어디에 두느냐에 따라 찬반으로 입장이 달라진다.

먼저, 생명은 존중되어야 한다고 생각하는 인류의 중요성과 윤리의 중요성을 주장할 수 있다. 생명을 함부로 다루다 보면 결국에는 인간을 상품처럼 보게 될 것이다. 그러므로 인간 배아 복제에 반대한다는 입장이다.

반면 인간 배아 복제 문제에 대해 찬성 편에 선 사람들은 '인간은 누구나 오래 살고 싶어 한다'는 긍정적인 측면을 제시할 수 있다. 또한 현재도 밝혀지지 않는 수많은 질병들을 이를 통해 해결할 수도 있다는 희망을 갖게 된다고 한다.

생명에 관한 윤리문제만큼 모순된 것은 없을 것이다. 결국 중요한 것은 모순이 존재한다는 사실을 확인하는 것에 그치는 것이 아니라, 어떤 사물의 모순성을 역설적으로 사물발전의 원동력으로 하여 현실의 문제를 해결하고자 노력하여야 한다는 것이다. 인간 배아 복제 실험 또한 그와 크게 다르지 않다고 본다.

주 제 탐 구 **03** 강 대동의 의미

case 1 제시문 ㉮, ㉯ 모두 다른 사람들의 마음을 헤아려 그들의 눈높이에 맞춰 그들의 이야기를 듣고, 또 그들이 원하는 것이 무엇인지 깨닫는 것이다. 그로 인해 다른 사람들의 마음을 이해하고 결국 그들이 원하는 것을 얻게 해 주며, 갈등을 해결해 준다. 현대 사회는 핵가족화가 되고, 경쟁 사회로 치달으면서 자기 자신의 이익만을 추구하는 이기주의적 성향을 띠고 있다. 그러나 지금도 우리가 모르는 곳에서는 자기 자신보다 남을 먼저 생각하며 희생하고 봉사하는 사람들이 많이 있다. 인간은 혼자서는 살아갈 수 없는 사회 집단 속에서 살며 앞으로도 그렇게 살아가야 한다. 복지 정책을 펼친다 해도 어렵고 힘든 사람들을 이해하지 못한다면 그것은 아무 쓸모 없는 정책이 되고 만다. 그들을 이해하고 그들의 눈높이에 맞춰 진심으로 같이 살아갈 수 있을 때 진정한 의미의 사회복지라고 할 수 있다.

철학자가 들려주는 철학이야기 032

루소가 들려주는 교육 이야기

저자_**박은홍**
성균관대학교 독문과를 졸업하고 독일 베를린 자유대학에서 교육철학 박사 학위를 받았다.
현재 아영교육문화연구소 소장으로 활동하고 있다.

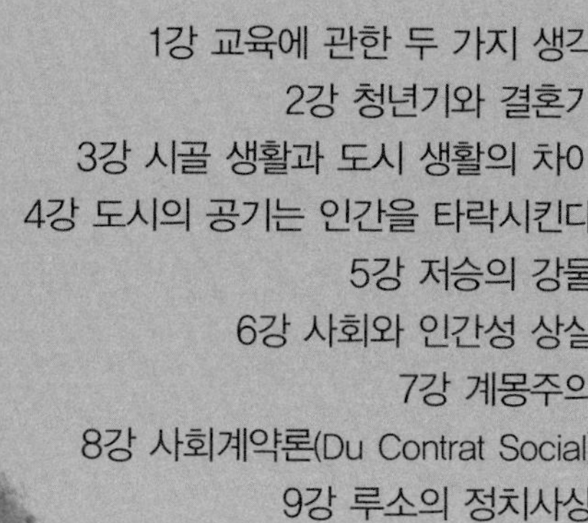

01강 교육에 관한 두 가지 생각

아빠는 젓가락질을 계속하며 엄마의 말에 건성 대꾸를 합니다.

"당신은 세상을 너무 몰라요. 요새는 다들 애들 교육에 얼마나 신경을 쓰는지 알아요? 어려서부터 영어 유치원은 기본이고, 배우는 것도 예닐곱 개는 많은 축에도 못 껴요. 그에 비하면 하나는 정말 하는 게 없는 편이라고요."

우리 엄마는 항상 이런 식입니다. 자녀 교육이 가장 중요하다고 생각하셔서 거기에 온통 매달리신다니까요. 얼마나 열심이신지 학원 문 앞까지 데려다 주고, 데려오고, 그런 일로 하루를 보내신답니다. 아이가 여럿이면 교육비도 많이 들고 제대로 뒷바라지도 못할 테니 자식은 하나만 낳아 정성스럽게 키우겠다는 생각에 하나만 낳으셨다고 해요. 그 하나의 자식이 바로 저랍니다. 그래서 이름도 '하나'로 지었을까요?

저는 사실 엄마가 그렇게 열심이신 게 부담도 되고 힘도 듭니다. 엄마의 정성과 관심을 반으로 나눠 가질 형제가 있었으면 좋겠다는 생각도 자주 한답니다.

"나는 지금 하나에게 하는 것만으로도 도가 지나치다고 생각하는데. 아직 어린 초등학생에게 그렇게 많이 시키는 게 무슨 도움이 되겠어? 우리 어릴 땐 말이야, 냇가에서 물고기 잡고 멱도 감고, 산에 가서 토끼 사냥하면서 그렇게 놀았어. 학원 안 다니고도 이렇게 잘살잖아? 자연에서 뛰노는 게 애들에게는 제일 좋은 공부야, 공부."

아빠가 이번에는 반찬 집던 젓가락을 상에 놓고 진지하게 말씀하십니다.

"답답하기는…… 당신은 딴 세상에 사는 사람 같다니까. 어디 지금이 옛날 같아요? 우리 어릴 때처럼 만날 놀기만 하다가 어떻게 다른 애들을 따라가요? 학원이나 유치원도 없던 우리 세대랑 비교하면 안 된다고요."

– 《루소가 들려주는 교육 이야기》 중에서

case 1 하나의 엄마, 아빠는 교육에 관해 서로 다른 생각을 가지고 있다. 두 사람의 교육관의 핵심 내용을 각각 정리하시오.

생각 쓰기

case **2** 누구의 교육관이 더 옳다고 생각하는지 말해 보고 그렇게 생각하는 이유를 가능한 한 자세히 논하시오.

생각 쓰기

"루소가 말하는 네 번째 과정은 열다섯 살부터 스무 살까지의 청년기인데 이 시기의 청춘 남녀는 성인이 되기 위한 종합적인 교육을 필요로 한단다. 이 시기의 젊은이들은 사회도덕에 대한 감정과 초월적 종교에 관한 감정을 조화롭게 교육받을 필요가 있어. 벗들과의 우정 그리고 이웃에 관한 동정, 이런 감정을 옳게 가질 수 있도록 배워야 한단다. 또 이 시기의 젊은이들은 장차 결혼을 준비하기 위해 올바른 성에 관한 의식도 가져야 하지. 감정과 이성을 제대로 조화시키는 것이 가장 중요한 시기란다."

(……)

"그럼 다섯 번째 과정은 결혼하고 아이를 낳는 과정인가요?"

옆에 있었다는 것도 잊어버릴 정도로 조용히 있던 초원이가 불쑥 물었습니다.

"그래, 초원이 말이 맞지만, 그렇게 단순하지는 않단다. 다섯 번째 과정은 교육의 완성 단계로서 결혼기라고 부른단다. 이 시기의 성인들은 결혼 생활을 통해 안정과 자유를 얻지만 복잡한 사회생활의 여러 가지 문제점들을 해결하고 헤쳐 나가지 않으면 안 되지. 어른이 되면 어릴 때는 몰랐던 여러 가지 문제들이 생기니까 말이야. 루소는 주인공 에밀이 이런 다섯 가지

교육 과정을 거쳐서, 어떻게 인간다운 인간으로 성숙하는지를 보여 주고 있
단다. 에밀이 결국 소피라는 이상적 여인을 만난다는 긴 줄거리를 통해 온
전한 교육이 무엇인지를 알려 주는 것이지."

– 《루소가 들려주는 교육 이야기》 중에서

case 1 루소가 말하는 네 번째 교육 과정인 청년기에 대해 설명하시오.

생각 쓰기

case **2** 교육의 완성 단계인 결혼기를 거치면 인생에서 부딪히는 여러 문제들을 헤쳐 나가야 한다. 어른들은 주로 어떤 문제로 고민을 하는지 세 가지 이상 적어 보시오.

생각 쓰기

03강 시골 생활과 도시 생활의 차이

덩그런 방에 있으려니 좀 심심한 생각이 들었습니다. 외삼촌 방으로 가서 나는 습관처럼 텔레비전을 한번 켜 봤습니다. 서너 개의 채널이 화질 나쁘게 나오고 있을 뿐 아무리 돌려도 만화는 나오지 않았습니다.

"초원아! 여기 만화는 몇 번에서 나오니?"

답답해진 나는 초원이를 불렀습니다.

"만화라니? 텔레비전에서 만화 하는 건 오후에 잠깐 나오고 마는데……지금은 할 시간이 아니야."

"너희 유선 방송 안 나와?"

(……)

"유선 방송? 그게 뭔데?"

(……)

조원이의 어리둥절한 얼굴을 보자 너 화가 치밀었습니다.

"정말 너랑은 대화가 안 된다, 이 촌뜨기야! 아무리 시골에 산다고 어쩜 그렇게 아는 게 없니?"

"뭐? 촌뜨기라고? 그러는 너는 서울뜨기냐? 흥! 바보상자에서 하는 거 조금 아는 게 자랑이냐? 나는 네가 모르는 것 더 많이 안다!'

내 말에 초원이도 지지 않고 맞섰습니다.

"네가 아는 게 뭔데? 응? 뭘 더 아냐고!"

"오이 따는 방법, 맵지 않은 고추 구별하는 방법, 개구리 잡는 방법, 그리고도 훨씬훨씬 더 많다, 뭐! 넌 그런 거 알아?"

'치, 그깟 것들. 내가 그런 걸 알 게 뭐람.'

초원이가 자랑하는 것들이란 게 하도 어이없어 나는 코웃음을 쳤습니다.

"그런 걸 알아서 뭐 하니? 그걸 뭐에 쓰려고? 너는 그럼 플루트 불 줄 알아? 2차 방정식 풀 줄 알아? 논술 문제 잘 쓸 수 있어?"

(……)

텔레비전도 안 나오는 빈방에 우두커니 있기가 뭐해서 마루에 나와 걸터앉았습니다. 다리를 흔들며 앞산을 바라보니 아침에 보던 것과는 다르게 또 다른 초록빛이었습니다. 물안개도 다 걷혀서 햇빛 받는 잎사귀들마다 보석을 박은 것처럼 빛나고 있었습니다.

산을 보는 건 좋지만, 그것이 심심함을 채워 주지는 못했습니다. 조금 뒤 다시 따분해진 나는 초원이의 방을 흘끗 바라보았습니다.

"야, 네 방에 인터넷 되냐?"

최대한 기대하지 않는 마음으로 말을 걸었습니다.

"유선인가 뭔가도 안 되는 산골에 인터넷이 되겠냐?"

하긴 그랬습니다. 아무리 기대하지 않는 마음으로 물었어도 실망이 이만저만이 아니었습니다. 긴긴 방학 동안 이 산골에 콕 박혀서 뭘 하고 지내란 말이야, 그런 생각에 외삼촌을 따라나선 것이 후회되기 시작했습니다.

"너는 만화도 안 나오고 인터넷도 안 되는 집에서 뭘 하고 지내니? 안 심심해?"

나는 진심으로 초원이의 하루가 궁금해서 물어봤습니다. 학원을 몇 개나 다니고 텔레비전, 컴퓨터, 게다가 휴대전화까지 늘 끼고 사는 서울 친구들에 비해 초원이의 하루는 아무것도 하는 것이 없는 것 같아 보였습니다.

"심심? 그런 거 잘 모르겠는데. 밖에 나가면 놀 것이 얼마나 많은데. 냇가에 가고, 산도 올라가고, 친구들이랑 그렇게 다니다 보면 하루가 짧아. 그냥 집에만 가만히 있어도 하늘과 산, 모두가 내 친구들인데 뭐."

"그러시겠지……."

– 《루소가 들려주는 교육 이야기》 중에서

case 1 도시 아이의 생활과 시골 아이의 생활이 어떻게 차이가 나는지, 윗글에 나타난 내용을 바탕으로 정리하시오.

생각 쓰기

case 2 윗글에 나타난 차이점 외에도 도시와 시골의 삶은 아주 많이 다르다. 어떻게 다른지 상상력을 발휘해 적어 봅시다.

case 3 초원이가 할 줄 아는 것과 하나가 할 줄 아는 것을 윗글에서 찾아 쓰시오.

생각 쓰기

case **4** 하나는 초원이가 알고 있는 것들이 쓸모없는 지식이라고 생각한다. 여러분은 하나와 초원이의 지식 중 누구의 지식이 더 쓸모 있다고 생각하는가? 그리고 그렇게 생각하는 이유는 무엇인지 설명하시오.

생각 쓰기

04강 도시의 공기는 인간을 타락시킨다

사람들은 개미집처럼 빽빽한 곳에 살게 되어 있지 않다. 대지에 흩어져 경작하며 살아가게 되어 있다. 사람들은 한데 모이면 모일수록 더욱더 타락하게 된다. 신체의 장애나 정신의 악덕도 너무 많은 사람들이 모여 사는 탓에 생기는 필연적인 결과이다. 인간은 모든 동물 중에서 군집 생활에 가장 적합하지 못한 존재이다. 사람들이 양 떼처럼 밀집해 산다면, 아주 짧은 기간 내에 모두 죽어 버릴 것이다. 인간이 내쉬는 날숨은 다른 인간에게 치명적인 해가 된다. 이것은 비유적인 말이 아니라 사실을 말하는 것이다.

도시는 인류를 파멸시키는 깊은 수렁이다. 도시에 사는 종족들은 몇 세대 지나지 않아 멸망하거나 타락한다. 도시 거주자의 삶은 새로워질 필요가 있다. 그리고 이것을 충족시켜 주는 곳은 언제나 시골이다. 따라서 아이를 시골로 보내 그곳에서 새롭게 태어나도록 해 주어라. 말하자면 인구 과밀 지역에서 오염된 공기 때문에 잃어버린 활력을 전원 한가운데서 되찾게 해 주어라. 시골에 거주하는 임산부는 출산하러 도시로 가기 위해 서두른다. 그러나 오히려 그 반대로 행동해야 한다. 자기 아이에게 직접 젖을 먹이려는 여자는 더욱 그렇다. 그러면 그녀는 생각만큼 후회하게 되지 않을 것이다. 인류에게 한층 더 자연스러운 거처에서 자연의 의무인 출산을 수행하는 데는 즐거움이 뒤따른다. 이로써 자연의 의무와 무관한 부자연스런 취미는 곧 사라질 것이다.

– 루소, 《에밀》 참고

 도시의 군집 생활은 인간에게 많은 폐해를 준다고 루소는 주장한다. 어떤 폐해인지 윗글에서 찾아 쓰시오.

case 2 루소는 도시가 인간의 육체와 정신을 타락하게 한다고 말하였다. 이러한 루소의 주장에 대한 자신의 생각을 설명하시오.

생각 쓰기

경험에 따르면, 애지중지하며 키운 아이가 그렇지 않은 아이보다 사망률이 훨씬 더 높다고 한다. 아이는 체력의 한계를 넘지 않는 한, 체력을 아끼는 것보다 사용하는 편이 덜 위험하다. 따라서 아이의 신체가 계절, 기후, 환경의 불순함, 굶주림, 갈증, 피로를 견딜 수 있도록 단련시켜라. 저승의 강물에 담가서 단련시켜라. 습관이 굳어지기 전에는 어떤 위험도 없이 원하는 대로 아이의 습관을 형성시킬 수 있다. 그러나 일단 습관이 형성되어 굳은 상태에서는 모든 변화가 아이에게 위험하다.

아이는 어른이 견디지 못하는 변화도 견뎌 낸다. 아이의 근육은 부드럽고 유연하기 때문에, 어떤 식으로든 쉽게 습관에 길들게 된다. 그러나 어른의 근육은 굳어 있어서 이미 받아들인 신체의 습관을 바꾸려면 강제력을 동원해야만 한다. 따라서 아이는 생명이나 건강을 위태롭게 하는 일 없이 튼튼하게 자랄 수 있다. 설령 어느 정도 위험이 따를지라도 주저해서는 안 된다. 우리가 살아가면서 피할 수 없는 위험이라면, 한 인간의 생애 중에서 가장 손해가 적은 시기에 그 위험을 물리치도록 하는 편이 더 낫지 않을까?

(……)

인간의 운명은 전 생애에 걸쳐 고통을 참아 내는 것이다. 자신을 보전하려는 노력도 고통과 결부되어 있다. 육체적인 아픔밖에 모르는 어린 시절은 얼마나 행복한가! 육체적인 아픔은 다른 아픔에 비해서 훨씬 덜 가혹하고 덜 고통스러운 만큼, 그것 때문에 스스로 목숨을 끊는 경우는 극히 드물다. 사람은 결코 사소한 고통 때문에 자살하지 않는다. 영혼의 고통이 아니면 사람을 절망시키는 것은 거의 없다. 우리는 어린이들의 처지를 가엾게 여긴다. 그러나 정말로 가엾게 여겨야 할 것은 바로 우리 어른들의 처지이다. 우리의 가장 큰 재난은 우리 자신에게서 비롯된다.

case 1 루소는 아이를 '저승의 강물에 담가서 단련시켜야 한다'고 말한다. 구체적으로 어떻게 하라는 것인지 윗글에서 찾아 쓰시오.

case **3** 아이들은 어른에 비해 환경 적응력이 뛰어나다고 루소는 말한다. 그 이유가 무엇인지 윗글에서 찾아 쓰시오.

생각 쓰기

생각 쓰기

06강 사회와 인간성 상실

　루소가 살았던 18세기의 사회는 왕과 귀족들의 권세가 매우 강했고, 그만큼 귀족들의 사치가 극에 달해 백성들의 불만도 높아졌습니다. 이런 상황에서 루소는 인간의 불평등은 어디에서 생겼고 인간의 평등과 자유는 어떻게 회복할 수 있는지, 그리고 인간의 본성은 과연 무엇인지를 깊이 생각하고 그런 문제들을 실천적으로 해결할 수 있는 길을 찾으려고 애썼습니다.

　루소가 보기에 당시 프랑스 문화는 찬란함의 극치에 도달했지만 참다운 인간성은 사라지고, 인간들의 관계도 한낱 피상적이고 외면적인 것으로 타락해 버렸습니다. 다시 말해서 학문과 예술이 한낱 수단으로 전락함으로써 인간은 본성을 상실하고 자기 자신으로부터도 소외당했다는 것이 루소의 주장입니다. 게다가 대부분의 사람들은 <u>대중적 환상만을 최고의 가치로 여기고</u> 외적 권위와 물질적 부유함만을 추구하게 되었습니다. 한마디로 말해서 루소가 보기에 근대사회는 도덕적 삶이 파괴된 사회였습니다.

　루소가 살았던 시기는 프랑스혁명(1789년)이 일어나기 바로 직전입니다. 당시 왕과 귀족들, 그리고 가톨릭의 고위 성직자들이 돈과 권력을 가지고 사회의 지배층을 형성하고 있어서 농민과 노동자들은 물론이고 일반 자유

시민들도 왕과 귀족들의 독재에 염증을 느꼈던 것입니다. 특히 시민들과 함께 자유사상가들은 사회, 정치적인 불평등과 속박을 깨뜨리려고 온갖 힘을 기울여 왔으며 루소는 자유사상가들의 선봉 역할을 담당했다고 볼 수 있습니다.

case 1 루소가 평생 고민했던 인생의 주제를 질문 형식으로 만드시오.

생각 쓰기

case 2 밑줄 친 대중적 환상은 루소의 시대에뿐 아니라 오늘날 우리 사회에서도 쉽게 찾아볼 수 있다. 어떠한 경우가 이에 해당하는지 그 예를 적어 보시오.

생각 쓰기

07강 계몽주의

계몽주의 사상가들

이성에서 어긋나는 모든 불합리를 타파한 과학 혁명과 근대 철학은 프랑스의 계몽사상으로 이어져 '계몽 시대'를 개척한 성과를 거뒀다.

계몽사상가들은 이성을 통해 자연 법칙을 발견할 수 있고, 그것을 사회에 잘 적용하면 인류 사회가 무한히 진보할 것이라고 생각하였다. 이들은 인류의 진보를 위해서는 우선 무지와 미신을 타파하고, 이성에 어긋나는 불합리한 제도와 전통도 함께 개혁해야 한다고 주장하였다.

계몽사상의 대표적인 인물로는 루소, 몽테스키외 등이 있으며, 이들의 사상은 이후 미국의 독립혁명과 프랑스혁명에 큰 영향을 미치면서 새로운 시민사회 건설의 이념이 되었다.

– 중학교 교과서 《사회 2》, 교육인적자원부 참고

생각 쓰기

case 2 루소는 대표적인 계몽사상가이다. 루소 이외에도 많은 계몽사상가들이 있는데, 이들은 사회를 계몽시키고자 한다는 점에서는 생각이 같았으나 방법은 조금씩 달랐다. 예를 들면 루소는 왕의 통치권은 신이 아니라 국민들의 동의에 의해서 주어진 것이라고 보았다. 따라서 한쪽에는 절대적인 권력을 주고 다른 한쪽에는 무한한 복종을 강요한다면 이는 올바른 계약이라 할 수 없다고 말했다.

루소 외에 주요 계몽사상가인 몽테스키외, 베이컨, 로크, 데카르트가 주장한 계몽 사상은 어떤 것이었는지 아는 대로 간단히 정리하시오. (중학교 교과서 《사회 2》 참고)

08강 사회계약론(Du Contrat Social)

루소(Jean-Jacques Rousseau, 1712~1778)

오늘날 우리가 누리고 있는 자유와 평등은 오랜 역사와 노력을 통해서 이룩한 피와 땀의 결과이다. 수많은 사람들의 목숨을 건 투쟁의 산물이다. 그 중에서 시민사회를 이룰 수 있는 사상적 기초를 제공한 사람이 프랑스의 사상가 루소이다.

루소의《사회계약론》은 전체 국민의 5퍼센트도 안 되는 지배층이 신분의 특권을 누리면서 국민 대다수를 지배하던 암울한 시대 상황을 개혁하기 위해 쓴 책이다. 그는 국민 전체의 공동선을 위해 다수의 개인들이 계약을 맺음으로써 자유와 평등을 실현할 수 있다고 생각했다. 이 책은 모든 사회악의 근원을 절대주의라는 사회제도에 두고, 인간의 자유를 보장하는 사회제도가 무엇인지, 그리고 우리가 잃어버린 진정한 인간의 모습과 인간다운 제도가 무엇인지 생각해 보게 한다.

– 중학교 교과서《도덕 2》, 교육인적자원부 참고

case **1** 루소 등 계몽사상가들이 주장한 사회계약론을 통해 국가에 대한 이해가 완전히 바뀌었다. 위의 내용을 참조하여 사회계약론의 의미와 그 의의에 대해 서술하시오.

생각 쓰기

09강 루소의 정치사상

법과 인간의 존엄성

국가가 성립되기 이전인 자연 상태에서 모든 인간은 자연적 자유를 가지고 자기보존을 하였다. 하지만 그 자유는 불평등했다고 할 수 있다. 자연권은 체력이나 정신력의 불평등성 때문에 약자에게는 자기보존의 수단으로 무용지물이기 때문이다. 따라서 약육강식의 법칙이 지배하는 자연 상태는 오래 지속될 수 없으며, 인간이 그들의 생활양식을 바꾸지 않으면 인류는 멸망하고 말 것이다. 그러면 인간은 어떻게 생활양식을 바꿀 수 있는가? 그것은 사회계약을 통해 국가를 창설하고, 법질서를 확립하는 길밖에 없다. 사회계약은 사회 구성원 전원이 그들의 자연적 자유를 완전히 포기함으로써 성립한다. 이와 같이 사회 구성원 전체가 자연적 자유를 포기했을 때만이 비로소 만인은 평등한 상태에 놓이게 되는 것이다.

– 고등학교 교과서 《법과 사회》 참고

 앞의 글에서 자연적 자유는 어떤 것이라고 설명하고 있는지 서술하시오.

생각 쓰기

case 2 루소는 모든 개인이 자연적 자유를 포기하도록 요구하고 있다. 자연적 자유를 포기해야 하는 이유를 설명하고, 이렇게 해서 루소가 궁극적으로 지향하는 것이 무엇인지 서술하시오.

생각 쓰기

아비투어 철학 논술

예시 답안

case 1 하나 엄마의 교육관

① 요즘 부모들은 아이들 교육에 신경을 많이 쓴다.

② 학원 예닐곱 개는 많은 게 아니다.

③ 지금은 옛날과 달라서, 놀기만 해서는 다른 애들을 못 따라간다.

하나 아빠의 교육관

① 어린 초등학생에게 많이 시켜 봤자 도움이 되지 않는다.

② 자연에서 뛰어노는 게 제일 좋은 공부이다.

③ 학원 안 다니고도 잘살 수 있다.

case 2 세상은 자꾸 바뀌어 가고, 예전에 필요했던 능력과 지금 필요한 능력엔 다소 차이가 있다. 앞으로 더욱 치열해질 사회 경쟁에 대비해 어린 시절부터 준비를 잘해야 할 것이다. 하지만 공부해야 할 것이 너무 많으면 모든 것을 다 잘하기가 쉽지 않다. 특히 초등학생일 때는 여러 가지를 많이 공부하는 것보다 하나라도 열심히 하는 능력, 집중할 줄 아는 힘을 먼저 기르는 게 더 중요하다고 생각한다.

case 1 제2의 탄생기로 불리는 청년기는 열다섯 살부터 스무 살까지의 시기를 가리킨다. 도덕적 종교적 감정에 대해 교육받게 되는 이 시기에는 우정과 동정 등 인간적 감정과 성의식도 함께 자란다.

또한 사회에 진출하기 전 단계로, 이성과 감정을 적절히 조화시킬 수 있도록 종합적인 교육이 필요하며 완전한 성인이 되기 위한 준비 단계이다.

case 2 ①아무래도 어른이 되면 자식 걱정을 가장 많이 하는 것 같다. 그중에서도 자식의 건강, 공부 걱정을 많이 하고, 자식이 성장한 후에도 취직, 결혼 걱정을 하느라 자식 걱정이 끊이질 않는다.

②그 다음으로 돈 걱정을 많이 하는 것 같다.

③또 노후 걱정도 많이 한다. 아빠는 환갑 전에 정년퇴직을 하는데 그 후에 어떻게 생계를 꾸리고 남는 시간을 보낼지에 대해 부모님이 상의하는 걸 자주 듣곤 한다.

case 1 도시 아이의 생활

① TV 유선 방송을 보고 인터넷, 휴대전화 등을 많이 사용한다.

② 이런 것들이 없으면 매우 심심하게 느낀다.

③ 학원을 여러 개 다닌다.

시골 아이의 생활

① 오이와 고추를 따고 개구리를 잡으며 논다.

② 친구들이랑 냇가에 가거나 산에 올라가서 논다.

③ 그냥 집에만 가만히 있어도 하늘과 산, 모두가 친구이다.

case 2 일단 도시에는 매연이 많은데 시골 공기는 정말 신선하다. 아무리 더운 여름날이어도 시골은 훨씬 시원하다. 에어컨 없이 방문 활짝 열어 놓고 선풍기만 돌려도 별로 덥지 않다. 또 아침저녁에는 아예 선풍기도 필요 없을 정도이다. 그런데 시골에는 놀이동산도 없고 음악회, 전시회, 도서관, 서점 같은 것도 별로 없다. 박지성 보러 축구 경기장 가려면 서울에서만 가능하다. 축구 경기는 거의 항상 서울에서만 하기 때문이다.

case 3　초원: 오이 따는 방법, 맵지 않은 고추 구별하는 방법, 개구리 잡는 법.

하나: 플루트 불기, 2차 방정식 풀기, 논술 문제 쓰기.

case 4　초원이가 알고 있는 지식들은 시험 문제에 나오는 것들도 아니고 대학에 가기 위해 알아야 할 것들은 더더욱 아니다. 그러나 우리가 공부하는 목적이 꼭 대학을 가기 위해서나 시험을 잘 치르기 위한 것만은 아니다.

초원이가 알고 있는 지식들은 도시에서 자란 하나에게는 낯선 것들이지만 우리가 보호하고 함께 살아야 하는 자연에 관한 지식들이다. 자연에 대한 올바른 지식을 갖는다면 자연을 더 잘 보호할 수 있고, 그렇게 된다면 환경 문제도 점점 나아질 수 있을 것이다.

세상에 필요 없는 지식이란 없다. 하나가 지금 배우는 것도 훗날 성인이 되었을 때 사회구성원으로 훌륭하게 자리매김하는 밑거름이 될것이다.

주 제 탐 구　**04**　강　도시의 공기는 인간을 타락시킨다

case 1　① 한데 모이면 모일수록 인간은 타락한다.

② 신체장애나 인간의 악덕도 군집 생활의 결과이다.

③ 양 떼처럼 모여 살면 아주 짧은 기간 안에 죽을 수도 있다.

④ 인간이 내쉬는 날숨은 인간에게 치명적인 해가 된다.

case **2** 루소가 말하는 정도로 도시가 인간의 육체와 정신을 타락하게 한다면 인류는 벌써 멸망했어야 한다. 물론 루소가 살던 시대에 영국에서 시작한 산업 혁명의 부정적인 영향으로 인해 도시의 생활은 아주 힘들었고, 스모그란 단어가 만들어질 정도로 런던의 공기는 최악이었다고 한다. 우리나라도 70, 80년대까지만 해도 한강물도 더럽고 청계천, 중랑천 등 한강 지류들도 모두 죽어 있었다. 하지만 그 이후 많이 노력해서 조금 나아졌다. 물론 아직은 부족하다. 더 많이 노력해서 루소의 예언대로 되지 않도록 해야 한다.

나는 서울에서 태어나 도시에서만 자랐기 때문에 도시가 나쁘다는 생각을 별로 하지 못했다. 시골에 살게 되면 오히려 따분할 것 같다. 사람은 자기가 살아가는 환경에 잘 적응하는 동물이다. 그래서 한번 익숙해지면 문제점을 잘 못 느낀다. 그러나 교통은 정말 지옥이다. 서울은 세계에서 운전하기 가장 나쁜 도시라고 한다.

주 제 탐 구 **05**강 저승의 강물

case **1** 루소의 경험에 따르면, 귀하게 키운 아이가 그렇지 않은 아이보다 사망률이 높다고 한다. 이런 이유로 루소는 체력을 아끼기보다는 사용하고, 아이의 신체가 계절, 기후, 환경의 불순함, 굶주림, 갈증, 피로를 견딜 수 있도록 단련해야 한다고 주장하고 있다.

'저승의 강물에 담가서 단련시켜야 한다' 는 루소의 말은 여러 신체적 경험을 통해 아이를 강인하게 키워야 한다는 것을 의미한다.

case 2 루소는 귀하게 자란 아이가 그렇지 못한 아이보다 사망률이 높다라는 사실을 경험으로부터 배웠다. 따라서 신체가 강하게 단련될 수 있도록 체력을 위험 수위를 넘지 않을 정도로 최대한 사용해야 하며, 습관이 이미 형성된 후에는 습관을 바꾸기가 어려우므로 습관이 굳어지기 전에 '저승에 강물'에 담그듯 강하게 신체를 훈련시켜 고통을 견뎌 내는 힘을 기르도록 하고 있다.

case 3 어른의 근육은 굳어 있어 신체의 습관을 바꾸려면 강제력을 동원해야 한다. 그에 비해 아이의 근육은 부드럽고 유연하므로 쉽게 습관을 바꿀 수 있다. 따라서 아이는 어른이 견디지 못하는 변화도 견뎌 내는 등 비교적 환경 적응력이 뛰어나다고 루소는 말하고 있다.

case 4 인간은 전 생애를 거쳐 고통을 겪을 수밖에 없다. 인간이 신체와 정신을 온전히 보전하다 보면 고통을 겪기 마련이다. 그런데 어린 시절의 고통은 정신적인 면보다 육체적인 면이 훨씬 강하게 다가온다. 이런 고통은 정신적 아픔에 비하면 어쩌면 사소한 것이다. 그래서 차라리 어린 시절이 행복하다고 말하는지도 모른다.

어른들은 아이가 아프면 가엾게 여기지만, 정작 가여운 처지에 있는 것은 영혼의 고통을 겪는 어른이다.

case **1**

① 인간의 불평등은 어디에서 생겨났는가?

② 인간의 평등과 자유는 어떻게 회복할 수 있는가?

③ 인간의 본성은 과연 무엇인가?

④ 이런 문제들을 실천적으로 해결할 수 있는 방법은 무엇인가?

case **2**

오늘날 우리 사회의 대중적 환상으로는 자신의 적성이나 꿈, 자아실현은 염두에 두지 않고 돈과 명예만을 추구하여 직업을 선택하는 경향을 들 수 있다. 아나운서나 탤런트, 가수들이 얻는 대중적 인기가 부러워 이 같은 직업을 맹목적으로 동경하거나, 적성이나 소질과는 상관없이 전공을 선택해 사회적 지위를 높이고자 하는 경우가 그런 예이다.

case **1**

① 이성을 통해 자연의 법칙을 발견할 수 있다.

② 자연법칙을 사회에 잘 적용하면 인류 사회는 무한히 진보할 수 있다.

③ 무지와 미신을 타파하고, 불합리한 제도와 전통도 개혁되어야 한다.

① 몽테스키외—국가에는 입법, 사법, 행정의 3권이 있는데 전제정치를 피하기 위해서는 이 권리들을 나눠서 갖도록 해야 한다고 주장하였다.

② 베이컨—사물에 대한 관찰과 실험을 강조하는 경험주의 철학을 제시하였으며, 이는 후에 영·미 철학과 학문적 전통의 뿌리가 되었다.

③ 로크—인간은 누구나 생명, 자유, 재산에 대한 자연권을 가지고 있으며, 이를 보호하기 위해 정부를 세우는 것이라고 하였다. 따라서 정부가 사람들의 자연권을 침범한다면 그런 정부에 대한 혁명은 합법적인 것임을 강조했다.

④ 데카르트—철학에 수학의 정확성을 도입했으며 인간의 이성을 중시하고 연역적으로 논리를 전개하는 합리주의 철학을 완성하였다.

주제 탐구 08강 사회계약론

예전에는 국가 안에서 왕과 귀족 등이 지배하고 국민이 지배를 당하는 것을 신의 뜻이라고 생각했다. 그러나 사회계약론이 등장하면서 국가에 대한 생각이 완전히 바뀌었다.

사회계약론이란 국민 전체의 공동선을 목적으로 자유와 평등을 실현하기 위해 다수의 개인들이 계약을 맺는 것을 의미하며, 이로써 국가가 존재한다고 생각하게 된 것이다. 즉, 국가는 지배계급의 소유물이 아니라 개인들이 함께 합의한 계약에 따라 이뤄진 것이다. 개인들은 이 계약에 따라 권리와 의무를 지니는 것이며, 이런 계약을 적어 놓은 가장 기본적 틀이 바로 헌법이다.

case 1 자연적 자유는 모든 인간이 자연적 생태에서 갖는 자유를 말한다. 이런 자유는 자기보존을 위해 사용되었으나, 체력이나 정신력의 불평등으로 인해 모든 인간이 고르게 누리지는 못했다. 그로 인해 약자에게는 자기보존의 수단이 되지 못했다. 약육강식의 법칙이 지배하는 자연 상태에서의 자연적 자유는 만인에게 평등한 자유는 아니었다.

case 2 루소에 따르면, 자연적 자유는 모든 사람에게 평등한 자유가 아니므로 약육강식의 법칙이 지배하는 자연 상태에서 인간이 생활 양식을 바꾸지 않는 한 인류는 멸망하고 만다. 따라서 루소는 인류의 존속을 위해 자연적 자유를 포기하고 사회계약을 통해 국가를 세워야 한다고 주장했다.

철학자가 들려주는 철학이야기 033

가다머가 들려주는 선입견 이야기

저자_최지윤
고려대학교 철학과 박사 과정을 수료하였고, 어린이철학연구소 강사 및 교재 집필을 했으며, 현재 대진대학교에 출강하고 있다.

모든 이해는 선입견에서 출발한다

case 1 아래 글을 살펴보고 가다머가 대화를 통해 상대방의 생각을 해석하고 이해해야 한다고 주장하는 이유가 무엇인지 서술하시오.

멋진 오빠: 예란이가 아까 그랬지? 아무리 대화를 해도 서로 자기만 옳다고 할 텐데, 누가 옳고 그른지를 어떻게 알 수 있냐고.

계란 아냐!: 응.

멋진 오빠: 가다머 역시 '누구나 의심할 수 없는 절대적인 것, 확실하게 옳은 의견'이란 없다고 했어. 그래서 대화가 필요하다고 했지. 대화를 할 때는 나의 생각이 전부 옳은 것은 아니라는 겸손한 자세가 필요한 거고. 대화를 통해 상대방의 생각을 해석하고 이해할 때 그것이 진정한 대화라는 거야.

계란 아냐!: 음……알겠어. 그런데 오빠, 아까부터 해석한다고 그랬는데 영어 같은 길 우리나라 말로 바꾸는 게 해석 아니야? 나랑 승준이는 둘 다 우리나라 말로 이야기하는데…….

멋진 오빠: 하하하! 그래 예란이 말도 맞아. 영어 문장을 우리나라 말로 바꾸는 것도 해석이지. 그런데 가다머에 따르면 해석에도 크게 두 가지 방법이 있어. 영어 문장을 해석할 때도 원래 그 단어가 가진 뜻 그대로 해석할 수도 있고,

해석하는 사람이 상황이나 시대에 맞게 해석할 수도 있지. 가다머 역시 어느 시대에나 누구에게나 의심할 수 없는 절대적인 것이란 없다고 생각해서 뒤에 말한 해석의 길을 택한 거고, 대화를 통해 의견 차이를 좁혀야 한다고 말한 거야. 예란아, '너 자신을 알라' 는 말 알지?

계란 아냐!: 그럼, 알지. 소크라테스가 한 말이잖아. 그런데 그 말은 갑자기 왜?

멋진 오빠: 소크라테스가 '너 자신을 알라' 고 한 말이 바로 자기 자신을 반성하고 이해하라는 뜻이잖아? 그러니까 대화할 때 우리가 가져야 하는 기본적인 태도와 같다고 할 수 있겠지.

계란 아냐!: 음……알겠어. 오빠 말을 들으니까 내가 듣기 싫은 이야기는 들으려고도 하지 않았던 것 같아. 그건 나도 잘못한 거야. 하지만! 한승준이나 몇몇 아이들 얘기는 정말 참아 주기가 힘들다고!

– 《가다머가 들려주는 선입견 이야기》 중에서

생각 쓰기

"안녕하세요! 6학년 3반 한승준입니다. 앞에서 너무 이야기를 잘해서 전 뭐 그렇게 길게 할 말은 없습니다. 다만 앞선 후보가 말한 이야기들이 여러분에게 또 다른 선입견을 심어 주지는 않을까 걱정이 되어서 한마디만 하겠습니다."

'뭐? 내가 한 말이 뭐 어째?'

예란이는 귀를 쫑긋 세우고 승준이의 이야기에 집중합니다. 아이들도 모두 승준이의 다음 이야기에 귀를 기울입니다.

"여러분 중에 남자는 남자니까 학생회장이 되고, 여자는 여자니까 부회장이 되어야 한다고 생각하시는 분이 있다면 그것은 분명 나쁜 선입견입니다. 하지만 그럴 만한 자질이 있어서 남자 후보가 학생회장이 되었는데, 그것을 가지고 남자여서 그렇다고 무조건 몰아붙인다면 그것 역시 나쁜 선입견입니다."

"와! 옳소!"

역시 도영이의 목소리입니다. 다시 강당 안은 승준이가 한 말을 두고 시끌시끌해집니다.

"그리고 선입견이 모두 나쁜 것만은 아니라고 생각합니다. 남자가 여자보다 힘이 센 것은 자연스러운 사실이며, 그것이 우열을 가릴 문제는 아니라고 생각합니다. 따라서 더 어려운 일이나 힘을 써야 하는 일에는 여자보다 남자가 더 적합할 수 있습니다. 그래서 좀 더 일을 많이 해야 하는 회장을 남자가 더 많이 했던 것일 수도 있습니다. 그것을 굳이 남자, 여자의 문제로 생각할 필요는 없을 것 같습니다. 그리고 저 역시 앞에서 다른 후보가 말한 것처럼 임원단이나 선생님들께서 모든 선입견을 버리고 학교를 위해 열심히 일할 만한 학생을 회장으로 뽑아주시길 진심으로 바랍니다. 아, 참고로 제가 학생회장이 되면 무조건 소풍은 일 년에 네 번입니다. 봄에 한 번, 여름에 한 번, 가을에 한 번, 겨울에 한 번. 하하하! 감사합니다.”

승준이의 연설이 끝나자 강당 안은 아이들의 환호와 박수가 터져 나옵니다. 승준이를 끝으로 학생회장 후보들의 연설이 모두 끝나고 성교육이 시작되었습니다. 하지만 예란이의 머릿속은 복잡하기만 합니다.

'내가 나쁜 선입견을 가지고 있다고? 내가? 그게 다 선입견이라고?

게다가 익태 오빠에게 가다머라는 철학자의 이야기를 들으며 알게 된 나쁜 선입견이란 말을 승준이가 어떻게 아는 건지. 예란이는 한 시간 동안 이어진 특별수업이 어떻게 지나갔는지 모릅니다.

–《가다머가 들려주는 선입견 이야기》 중에서

생각 쓰기

1 소크라테스(Socrates, BC 470?~BC 399)

소크라테스는 고대 그리스의 철학자로 아테네에서 태어났다. 소크라테스 이전의 그리스 철학자들은 우주의 근본 원리에 대해 묻고 이에 대한 답을 자연에서 찾곤 했다. 예를 들어 '만물의 근원은 무엇인가' 라는 질문에 탈레스와 같은 자연 철학자는 '물' 이라고 답변했다. 그러나 소크라테스는 그 근본 원리에 대한 답변을 자연이 아닌 인간의 내면에서 찾았다. 이런 의미에서 소크라테스는 내면 철학의 시조라 할 수 있다.

2 해석

해석은 한 언어를 다른 언어로 바꾸는 번역 작업도 포함하지만, 가다머에 따르면 해석은 해석자가 상황이나 시대에 맞게 재창조하는 것과 같다. 이러한 재창조 과정은 애초에 수행된 본래의 창조 작업을 그대로 뒤쫓아 가는 것이 아니라, 서술되어 있는 것 속에서 해석자가 의미를 발견하여 창조된 작품의 모습을 다시 드러나게 하는 과정을 일컫는다.

02강 선입견과 비판적 이성

"예란아, 그렇다면 친구에 대한 편견도 정당하지 못한 선입견이라고 볼 수 있겠지?"

"……."

예란이는 오빠의 질문에 미간을 찡그립니다.

"편견은 다른 사람의 상황이나 처지를 깊이 이해하지 못하고 자기중심적으로 생각하고 현재 보이는 것에만 집착하기 때문에 생기는 거거든."

"내가 이기주의적이라는 거야?"

"하하하, 예란이 또 화났네. 예란이가 지금 몇 살이지?"

"쳇, 오빠는 동생 나이도 몰라?"

예란이는 괜히 톡 쏘아줍니다. 그래도 오빠는 아랑곳없이 기분 좋은 웃음을 계속 지으며 말을 합니다.

"예란이가 지금 열세 살이지? 어떻게 해서 열세 살이 되었지?"

"한 살, 두 살 먹다 보니 어느새 열세 살이 된 거지 뭐. 그런 바보 같은 질문이 어디 있어?"

"그래 맞아. 열세 살 먹은 예란이가 현재라면, 현재는 과거의 12년이 모여서 이루어진 것이겠지? 그러니까 오빠 생각에는 현재 승준이라는 아이가 반장이 되고, 회장 후보에까지 오르게 된 데에는 그렇게 될 만한 나름의 이유가 쌓여서 나온 결과가 아니었을까 생각되는데?"

– 《가다머가 들려주는 선입견 이야기》 중에서

생각 쓰기

"가다머는 정당한 선입견과 정당하지 못한 선입견을 구별했어. 우리가 얘기한
전통을 생각해 보면, 전통이 인습과는 다른 것처럼 말이야. 인습은 아까 말한 남자
가 여자보다 중요하다는 생각들처럼 비판이나 반성 없이 수용된 것들이지만, 전
통은 오랜 시간동안 사람들에 의해서 비판되고 재해석되어 전해 내려온 거야. 권
위도 마찬가지로 맹목적인 복종하고는 다르지. 권위는 자발적인 참여로 생겨나는
것이고 복종은 힘에 의해 끌려가는 것이니까."

"아, 그러니까 전통이나 권위는 정당한 선입견이고, 인습이나 맹목적인 복종은
정당하지 못한 선입견이라는 거지?"

"그래 맞아. 그래서 가다머는 정당한 선입견은 우리가 무언가를 이해할 때 전제
조건으로서 도움을 준다고 했어."

익태와 예란이의 이야기를 들으며 아빠는 눈이 반쯤 감겼습니다. 장거리 운전
으로 피곤하셨던 모양입니다. 그래도 아빠는 익태와 예란이의 이야기를 놓치지
않고 들으려고 눈을 꼭 감았다 다시 뜹니다.

"그런데 오빠, 전에 가다머가 절대적인 것은 없기 때문에 대화를 통해 의견 차
이를 좁혀야 한다고 말했댔잖아. 그럼 정당한 선입견과 정당하지 못한 선입견을
어떻게 구별하지?"

"그 두 가지를 가려내는 방법은 바로 우리의 비판적 이성의 힘에 의해서지."

오빠는 비판적 이성이라는 말을 하며 검지로 예란이의 머리를 가리킵니다.

– 《가다머가 들려주는 선입견 이야기》 중에서

생각 쓰기

1 이기주의

나의 상황과 처지만을 고려하고 다른 사람의 상황과 처지를 동등하게 고려하고 있지 않은 입장이다. 즉 다른 사람보다 자신을 우위에 두고, 어떠한 행위를 하든 자신의 이익을 먼저 고려하는 태도이다. 이기주의는 결국 자신의 입장만을 고수할 때 발생할 수 있다. 이러한 이기주의는 다른 사람에 대해 진정으로 이해하고자 하는 태도가 결여되어 있을 때 나타난다. 입장을 바꾸어 생각해 보고 다른 사람을 이해하려고 하는 자세야말로 이기주의에서 벗어날 수 있는 길이다.

2 비판적 이성

옳고 그름을 따질 수 있는 분별력, 그 정당성을 판단할 수 있는 능력은 비판적 이성을 통해 이루어진다. 비판적 이성이란 무조건적인 비난도 아니고 무조건적인 복종이나 수용도 아니다. 비판적 이성이란 반성적으로 생각하고 장점과 단점을 모두 고려하여 수용할 것과 버릴 것을 구분하는 능력이다.

3 인습

현재 우리의 생활 모습을 살펴보면 과거로부터 형성되어 전해 내려오는 사회적인 습관인 관습이 있는데, 관습 중에는 그 정당성이 의심되거나 부정되는 관습이 있다. 이를 인습이라고 부른다. 사회 구성원들이 왜 그래야 하는가에 대한 정당한 이유를 찾지 못하고, 그저 예전부터 전해 내려오기 때문에 따르는 것이 있다면 이는 인습이라고 할 수 있다.

03강 해석은 무엇을 목표로 하는가?

case 1 아래 글을 참고하여 가다머가 주장하는 지평 융합이 이루어지는 과정을 살펴보고, 이 과정이 일어나기 위해서는 어떤 노력이 필요한지도 함께 서술하시오.

"하하, 그렇지. 가다머가 해석학이라는 학문을 통해서 추구하는 것도 바로 대화하고 토론해서 서로의 의견 차이를 좁히는 것을 목적으로 하는 거지. 해석한다는 건 각자의 지평을 확대해서 지평을 융합한다는 거야. 그래서 공통된 지평이 나타나는 상태를 지평 융합이라고 해. 이러한 상태에 이르면 우리는 의견 일치에 도달했다고 하지. 사람들이 살아가는 과정이 곧 해석하는 과정이야."

"음, '나는 해석한다, 고로 나는 존재한다' 헤헤."

"오! 우리 예란이는 모르는 말이 없네. 원래 그 말은 데카르트라는 철학자가 한 말이지. '나는 생각한다, 고로 나는 존재한다' 가 원래 맞는 말이고."

"그럼 데카르트는 사람들이 존재하는 이유가 생각을 하는 데에 있다고 본 거네?"

예란이는 숙제도 잊은 채 오빠의 이야기에 푹 빠져듭니다.

"그렇지, 데카르트는 모든 것을 의심하고, 생각한 후에 확실한 것만을 믿어야 한다고 했어. 하지만 가다머는 그러한 생각에 비판적이었지. 전통이나 역사, 사람들의 경험 같은 것들이 언제나 확실한 것은 아니잖아? 그런데 데카르트처럼 생각하면 그런 것들을 모두 무시하게 되는 거니까 말이야. 이것이 바로 가다머의 해석학이야."

"음……오빠, 전에 승준이가 반장이 되고, 학생회장 후보가 된 데에는 다 그럴 만한 이유가 쌓여서 된 거라는 얘기도 했었잖아."

예란이는 힘들게 승준이의 이야기를 꺼냅니다. 오늘 본 승준이의 모습에 전에 오빠에게 들었던 이야기가 계속 생각이 났기 때문입니다.

"아, 과거가 현재에 영향을 미치고 있다는 얘기? 그걸 좀 어려운 말로 뭐라고 하는지 가르쳐 줄까?"

"응!"

"영향사 의식."

"영향사 의식?"

"그래, 현재란 단순히 현재가 아니고 과거에 의해 전해진 현재라는 거야. 그러니까 현재란 과거의 축적이라고 할 수 있지. 그런데 요즘 사람들은 과거를 돌아볼 여유가 없이 사니까 현재에만 집착을 하는 거고, 정신없이 앞만 바라보며 사는 거야. 하지만 과거가 없는 현재와 미래란 없는 법이야."

예란이는 오빠의 말에 전적으로 공감한다는 뜻으로 고개를 끄덕입니다. 그러자 눈치 빠른 오빠가 장난스럽게 가자미눈을 하고 예란이에게 묻습니다.

"혹시……승준이가 학생회장 후보가 될 만한 이유라도 찾았니?"

“응?……아니……뭐.”

　예란이는 아직 오빠에게 승준이의 좋은 점을 보았다는 얘기를 해 주기는 싫습니다. 자존심이 있지요. 승준이를 욕했던 게 엊그젠데.

　하지만 예란이는 승준이에 대해 다시 생각해 보아야겠다고 다짐합니다. 과거가 없는 현재란 없는 법. 오늘 본 승준이의 모습들이 지금의 승준이를 있게 한 이유라면, 그렇다면 편견 없이 승준이를 인정하는 것이 옳은 일일 테니까.

－《가다머가 들려주는 선입견 이야기》 중에서

생각 쓰기

case **2** 아래 글은 역사를 어떤 관점에서 바라볼 것인가에 대해 논의하고 있다. 아래 제시된 역사관을 살펴보고 이로부터 역사를 해석한다는 것이 어떤 의미인지 자신의 견해를 서술하시오.

역사란 무엇인가? 쉽게 우리는 랑케와 E. H. 카의 역사관을 대조하면서 역사를 객관적인 것으로 바라보느냐 주관적인 것으로 바라보느냐에 따라 구분하고 있다. 과연 올바른 역사관은 무엇일까?

랑케는 역사학의 임무는 과거의 사실을 있는 그대로 밝히는 것으로 역사 연구에 있어 개인적인 견해나 해석이 덧붙여져서는 안 된다고 보는 입장이다. 즉 랑케는 역사가는 과거가 본래 어떠한 상태로 있었는가를 밝히는 것을 지상 과제로 삼아야 하며, 이때 오직 역사적 사실들로 하여금 이야기해야 한다고 주장한다. 따라서 랑케는 문헌 중심, 정치사 중심, 연대순 중심의 이른바 랑케 사학을 발전시켰다.

반면에 근대 역사학에서 매우 중요한 인물이고, 또 그만큼 유명한 인물인 카는 랑케의 역사관과는 대립되는 입장에 서 있다. 카의 역사관은 과거는 현재를 비추는 거울이며 현재의 가치에 비추어 의미 있는 역사가 진정으로 의미 있는 역사라고 하면서 역사가의 주관을 매우 강조한다. 또한 역사가의 주관적인 사고 없이는 불완전한 과거의 사실을 완벽하게 재구성해 낼 수 없다는 입장에 서기도 했다.

역사란 그것을 기록하는 인간 능력의 한계 때문에 '모든 사실'의 기록일 수 없다. 그렇다면 기록될 만한 것과 그렇지 않은 것을 평가할 수 있는 기준이 있어야 한다. 이는 어떤 것을 역사적으로 가치 있는 것이라고 보느냐에 대한 평가로 순전히 객관적인 시각에서 그 기준을 마련하기는 사실상 어렵다. 시대마다 그리고 상황마다 중요하다고 생각하는 것이 달라질 수 있기 때문이다. 모든 기록된 역사는 기록하는 사람의 시각이 반영되어 있다. 즉 기록 자체의 객관성이 의심된다는 말이다. 역사적 가치의 차이는 그것을 골라내는 사람한테서 자유롭지 않다. 그렇기 때문에, '역사가'의 태도가 중요하고, 역사가의 주관적인 사고가 역사 해석에는 필수적이다. 그런 점에서 카의 역사관이 옳다고 볼 수 있다.

생각 쓰기

1 데카르트(René Descartes 1596~1650)

데카르트는 프랑스의 철학자이자 수학자이며, 물리학자이다. 근대 사상의 기본적인 틀을 처음으로 명백히 제시하여 근대 철학의 시조라고 불린다. 그는 인간 사유의 방법으로 가장 먼저 '회의하는 정신', 즉 '의심하는 정신'을 내세웠다. 이러한 회의 방법을 통해 그는 '나는 생각한다. 그러므로 나는 존재한다'라는 근본 원리를 《방법서설》에서 확립시켰다. 그리고 이 확실성으로부터 세계에 대한 모든 앎을 이끌어낼 수 있다고 주장했다.

2 영향사 의식

영향사 의식이란 현재는 단순한 현재가 아니라 과거의 영향사 아래 놓인 현재이고, 현재를 살아가는 우리는 스스로 과거에서 전해 오는 것들을 이어받고 있다는 것을 의식하고 있음을 말한다. 가다머는 일치의 치수를 통일해 나아가는 과정에서 이해하고자 하는 대상이 '나'의 일부분이 되어 대상과 내가 서로를 이해해 나가는 모습을 영향사라는 주제에서 다루고 있다.

3 랑케(Leopold von Ranke, 1795~1886)

랑케는 독일의 역사가로 당시 새로운 연구 방법과 교수법으로 서유럽 역사 서술에 큰 영향을 끼친 인물이다. 라이프치히 대학에서 신학, 언어학을 수학하고, 《1494년부터 1514년까지의 라틴족과 게르만족 역사》를 썼는데, 이것이 학계에서 인정을 받아 1825년 베를린 대학에 초빙되었다. 그 후 이곳에서 50년간에 걸쳐 강의를 담당하면서 많은 저작을 남겼다. 그는 객관주의적 역사관을 주장하였는데, 이는 역사학을 독자적인 영역으로 확립했다는 데서 큰 의의를 갖는다. 그래서 우리는 랑케를 '근대 역사학의 아버지' 라고 부르기도 한다.

4 E. H. 카(Edward Hallett Carr, 1892~1982)

E. H. 카는 영국의 역사가로 케임브리지 대학교를 졸업하였다. 주관주의적 역사관을 주장하였고 《역사란 무엇인가》라는 저술에 이러한 그의 뚜렷한 역사관이 잘 나타나 있다.

아비투어 철학 논술

예시 답안

case 1 가다머의 삶을 살펴보면 그 자신이 겸손하고 열린 자세로 사람들을 대하는 인물이었음을 알 수 있다. 그는 대화를 좋아하고 학생들의 견해를 존중하는 등 배움의 자세로 삶을 살았다. 예를 들어 학생들이 어떤 질문을 해도 먼저 정답을 말해 주는 것이 아니라 '그건 내가 잘 모르는 것'이라고 하면서 학생들 스스로 생각할 수 있는 길을 열어 주었다고 한다. 그가 이런 태도를 갖고 사람들을 대할 수 있었던 이유는 '진리나 인식은 처음부터 확실한 방법이나 답을 갖추고 있는 것이 아니라 끊임없이 묻고 대답하고 그 의미를 해석하는 과정에서 드러난다'고 생각했기 때문이다.

가다머는 현대사회가 갈등이 많아지고 건강하지 못하게 된 것은 자신의 생각만이 절대적으로 옳다고 보는 태도 때문이라고 주장했다. 편견과 선입견은 자신만의 생각이 절대적으로 옳다고 보는 태도를 말한다. 건강하고 편견이 없는 사회를 만들기 위해서는 대화가 무엇보다도 절실하다. 그런데 자신의 생각은 옳고 상대방의 생각은 그르다고 생각한다면 진정한 소통 수단으로서의 대화는 결코 이루어지지 않을 것이다. 왜냐하면 상대방도 나와 똑같이 생각할 것이기 때문이다. 나의 생각도 잘못된 점이 있고, 상대방의 생각도 옳은 점이 있다는 것을 인정하는 태도가 대화할 때 가장 필요하다.

case 2 예란이는 승준이가 반장인 이유, 그리고 학생회장 후보로 나설 수 있는 이유는 단지 남자이기 때문이라고 생각한다. 또 몇몇 아이들이 자신보다 승준이를 학생회장감으로 생각하는 이유는 여자에 대한 편견 때문이라고 여긴다. 그런데 이러한 예란이의 생각에 승준이는 반대한다. 즉 선입견이 모두 나쁜 것은 아니라고 말하면서 그럴 만한 이유들이 있어서 형성된 선입견도 있고, 받아들일 만한 가치가 충분하다고 여겨지는 선입견들도 세상에는 분명 존재함을 전달하고 있다.

가다머 역시 권위나 전통과 같은 선입견을 나쁘게 평가한 이전의 철학에 대해 비판하고 있다. 우선 인간의 역사성을 인정하고, 권위나 전통과 같은 선입견이 올바른 이해를 방해하는 것이 아니라 진정한 이해에 도달하기 위해 우리가 인정해야 할 것으로 그는 보았다. 비판 없이 맹목적으로 받아들인 선입견은 부정적일 수 있지만 그럴 만한 타당한 이유가 있고 그래서 과거로부터 지금까지 이어져 내려오는 선입견의 예들은 긍정적으로 받아들여져야 한다는 것이다.

예란이는 자신이 선입견의 희생자라고만 생각했지 자신이 다른 사람을 선입견으로 대하고 있다는 사실은 미처 의식하지 못하고 있었다. 그러나 승준이의 지적을 통해 승준이에 대한 자신의 판단이 선입견에서 비롯된 것은 아닌가 반성해 보게 될 것이다. 이처럼 선입견은 특정한 사람, 올바로 사고하지 않는 사람만 갖는 것이 아니라 모든 인간 존재가 가질 수밖에 없는 사고의 틀이라 할 수 있다. 인간은 자신이 살고 있는 시대, 상황, 조건과 떨어져서 생각할 수 없으며, 누구나 자신의 과거로부터 이어져온 선입견을 떨쳐버릴 수 없는 존재이다. 따라서 현재 나의 판단은 끊임없이 과거와 상호작용하면서 이루어질 수밖에 없다.

case 1 제시문을 살펴보면 예란이는 승준이를 올바로 이해하고 있지 않다. 그 이유는 예란이가 이미 형성된 승준이에 대한 선입견을 고집하고 있기 때문이다. 승준이라는 아이의 상황이나 처지를 깊이 이해하기보다 예란이 자신의 처지만 집착해서 승준이와 자신의 현재 관계를 파악하고 있다. 예란 자신 역시 현재 부반장이고 학생회장 후보에 오르기까지의 과정과 그러한 상황을 가능하게 한 이유가 있는 것처럼 승준이 역시 승준이를 반장이게 하고 학생회장 후보가 되게 할 만한 정당한 이유가 있을 것이라고 생각해야 한다.

선입견은 대상을 이해하기 위한 기초로 작용할 수 있지만, 선입견을 지나치게 고집하면 편견이 되어 버릴 수 있다. 즉 선입견은 해석의 기초이지 고정된 해석이어서는 안 된다는 것이다. 상대방을 올바로 이해하기 위해서 선입견을 자료로 이용할 수는 있지만, 그러한 선입견으로 상대를 무조건 판단해서는 안 된다. 대신 상대방의 경험과 현재의 상황에 대한 역사적 이유를 찾아내려고 해야 한다. 이것이야말로 정당하지 않은 선입견에서 벗어나 상대방을 올바로 이해하려고 하는 태도일 것이다.

case 2 선입견은 해석을 위한 토대지만 선입견이 모두 정당한 것은 아니다. 즉 선입견 중에는 부당한 선입견이 있는데, 이는 정당한 근거를 갖지 못한 채 단순히 과거로부터 이어져 내려 왔을 뿐인 선입견이다. 이를 두고 인습이라고 말하기도 하는데, 인습과 어떤 대상을 진정으로 이해해나가기 위한 선이해로서의 선입견, 이 둘을 구분하는 것은 인간의 능력인 비판적 이성에 의해서이다.

비판적 이성은 옳고 그름, 타당성 부당성을 분별하는 능력으로 한쪽으로 치우친 사고가 아니라 다양한 각도에서 검토해 봄으로써 수용할 것과 버릴 것을 구분하는 능력이다. 그런데 우리가 현재 자신의 상황에 속해 있는 한 선입견 자체를 완전히 제거할 수 없다. 제거의 대상이 아닐뿐더러 오히려 상대방에 대한 이해를 돕는 데 요긴하게 쓰이기도 한다. 주의할 것은 한번 형성된 나의 선입견을 그 상태로 고정시킬 것이 아니라 점차적으로 수정해 나가야 한다는 것이다. 이는 타인과 끊임없는 대화와 토론을 통해 가능하다. 이를 통해 다른 사람과 융합하고 다른 사람을 진정으로 이해하는 길을 열어 놓을 수 있다.

주 제 탐 구 **03** 강 해석은 무엇을 목표로 하는가?

---

case 1 가다머는 한 사람 한 사람이 쌓은 경험을 '지평'이라고 부른다. 왜냐하면 우리의 경험이란 끝없이 펼쳐진 수평선처럼 과거와 현재가 하나로 이어져 생긴 것이기 때문이다. 그래서 가다머는 비판적 이성이 과거의 지평과 현재의 지평을 연결해 주는 역할을 한다고 말한다. 그리고 대화는 한 이해의 지평과 다른 이해의 지평과의 융합이라고 할 수 있다. 우리는 자신들의 지평을 끊임없이 확대하면서 다른 사람의 지평을 융합해 나아간다. 그렇게 함으로써 우리는 다른 사람을 이해할 수 있는 것이다.

우리는 자신의 선입견을 고집할 것이 아니라 해석하고자 하는 상대방의 지평과 내가 융합될 수 있도록 노력을 기울여야 한다. 그리고 그 노력의 방법은 바로 대화와 토론이다. 상대방을 해석하기 위해 우리는 선입견을 갖고 들어갈 수밖에 없지만 이에 고정되는 것이 아니라 끊임없이 대화하고 토론하면서 상대방의 지평과 내 지평이 만날 수 있도록 해야 한다. 의견이 다르다고 해서 상대방이 무조건 틀리다고 할 것이 아니라 나와 다른 의견임을 인정하면서 그 차이를 좁혀 나가는 노력을 기울여야 한다. 그렇다면 이때 내려진 해석은 진정한 이해에 도달할 수 있는 해석일 것이고, 이 해석은 또 다시 다른 상황과 역사 속에서 바뀔 수 있는 열려 있는 해석이 될 것이다.

case 2 제시문은 역사를 어떻게 볼 것이냐의 문제를 다루고 있다. 글쓴이는 랑케의 객관주의적 역사관과 카의 주관주의적 역사관을 설명하면서 결국 역사 서술에는 역사가의 주관적 해석이 개입될 수밖에 없다고 주장한다.

랑케는 역사가란 자기 자신을 죽이고 과거가 본래 어떠하였는가를 밝히는 것을 그의 지상 과제로 삼아야 하고, 이때 오직 역사적 사실로 하여금 이야기하게 해야 한다고 주장한다. 역사가는 사실을 떠나서 존재할 수 없으며 역사가가 과거의 역사를 연구할 때는 역사적 사실을 입증해 줄 자료, 즉 사료에 대한 엄격한 고증이 필요하다는 것이다. 역사가는 보편적인 원리의 추구나 일체의 목적의식, 또는 선입견을 가져서는 안 되며, 오직 개별적인 사실의 객관적인 파악에 노력해야 한다고 주장한다.

반면 카는 역사가는 잠정적인 사실 선택과 그러한 선택을 이끌어 줄 잠정적인 해석, 이 두 가지를 가지고 일을 시작한다고 말한다. 일의 진행에 따라서 해석이나 사실의 선택 및 정리는 다 같이 상호 작용을 통하여 미묘한, 어쩌면 반쯤은 무의식적인 변화를 겪게 된다. 뿐만 아니라 역사가는 현재의 한 부분이고, 사실이란 과거에 속해 있기 때문에 이 둘은 끊임없이 상호 작용한다. 역사가와 사실은 서로를 필요로 한다. 사실을 갖지 못한 역사가는 뿌리가 없는 존재로 열매를 맺지 못하고, 역사가가 없는 사실은 생명이 없는 무의미한 존재이다. 이리하여 '역사란 무엇인가' 라는 물음에 대해 카는 다음과 같이 대답한다.

"역사란 역사가와 사실 사이의 부단한 상호 작용의 과정이며, 현재와 과거 사이의 끊임없는 대화이다."

이러한 카의 역사관은 가다머의 철학적 해석학이 말하고자 하는 바를 잘 반영해 주고 있다. 즉 과거와 현재는 끊임없이 대화하며 그래서 하나의 해석은 고정된 것이 아니라 또 다른 해석에 대해 열려 있으며, 이는 해석자의 재창조 작업이다. 역사를 해석한다는 것은 과거 역사를 그대로 서술하는 것이 아니라 끊임없이 오늘에 비추어 과거를 이해하고자 하는 노력이다. 또 이해란 역사적 상황 속에서의 과거와 현재의 끊임없는 대화이며 만남인 것이다. 이해가 일어날 때는 지평들의 융합이 일어나며, 과거와의 만남 속에서 우리의 편견을 비판적으로 반성하는 과정 속에서 이해는 끊임없이 형성된다. 이로써 우리는 다른 사람에 대한 이해, 역사에 대한 이해에 도달하는 것이다.

비트겐슈타인이 들려주는 언어 이야기

저자_이정배

강원대학교 물리학과를 졸업하고 감리교신학대학교 대학원에서 석사 학위를 받았다. 현재 강원대학교 국어국문학과 박사 과정 중에 있고, 춘천 YMCA, YWCA 독서 지도사 자격 과정 전임 강사로 활동하고 있으며, 2004년과 2005년에 강원청소년영화제 심사위원장과 2005년 FISH EYE 국제영화제 심사위원장을 역임했다.

01강 이름이란 무엇인가?

case 1 사물과 이름의 관계는 묘하다. 다음의 제시문을 보면 사물과 이름이 그다지 상관없다는 생각이 든다. 사물과 이름은 어떤 관계에 놓여 있는지 서술하시오.

다시 창밖을 바라봅니다. 보이는 대로 해이는 말해 봅니다.

"하늘, 자동차, 산, 집……."

갑자기 정신이 번쩍 듭니다. 저기 분명히 하늘과 자동차와 산과 집이 있습니다. 그런데 말이 없었다면 저것을 어떻게 불러야 할까요? 세상은 사물로 가득 차 있는데 말이 없다면 어떻게 표현할 수 있을까요?

하늘은 하늘로 불러야 하늘일까요?

자동차는 자동차로 불러야 자동차일까요?

해이는 섬섬 알 수 없어십니다. 하늘을 하늘로 무르지 않아도 하늘이 하늘인 것은 분명합니다. 자동차를 자동차라고 부르지 않아도 자동차가 다른 물건이 되는 것은 아니니까요. 그럼 사물과 이름은 일치하는 것이 아닌 걸까요?

'나를 해이라고 부르건 땅꼬마라고 부르건 내가 나인 건 변함없잖아. 치, 그래도 땅꼬마라고 불리는 건 기분 나쁘다고.'

해이는 사물과 이름의 관계에 대해 놀라움을 느낍니다. '사물＝이름' 인 줄 알았
는데 이름은 그 사물을 가리키는 역할뿐이라니!

–《비트겐슈타인이 들려주는 언어 이야기》 중에서

1 해석

일반적으로 기호나 표현의 뜻을 밝히는 일을 말한다. 우리는 해석을 일상생활에서 여러 가지 소박한 형태로 경험한다. 그것은 인간 생활에서 중요한 부분을 차지하고 있다.

해석에 대해 연구하는 학문이 해석학이다. 해석학은 처음에 성서 해석의 기술로 쓰이다가 점차 그 해석 대상을 역사적 문서로 확대해 오랜 역사적 전통 속에 성장해 왔다. 그런데 이를 정신과학의 방법론으로 이용하고, 또 구체적 연구에 적용하여 많은 성과를 올린 사람이 W. 딜타이(1833~1911)이다.

딜타이의 해석학은 인간의 생의 구조 자체를 그 근원에서부터 밝히려고 하는 M. 하이데거(1889~1976)의 해석학적 현상학에서 한층 심화되어 오늘날 인문계 제반 학문에 커다란 영향을 주고 있다.

2 특징

사물 고유의 특별한 성질을 뜻한다. 특성은 그것을 가진 사물을 드러내는데, 이름이 그런 역할을 할 수 있다고 믿었다. 중세 시대에는 이름 자체에 신비적인 요소까지 덧붙이곤 했다. 절대자의 이름을 함부로 부르지 않는 것은 그의 존재에 대한 경외심이라고 생각했는데 이름이 곧 존재라는 생각에서 취해진 태도이다. 비트겐슈타인은 사물의 고유한 특성은 이름을 통해 밝혀지는 것이 아니라고 주장한다.

'이름은 사물과 같은 것이 아니다. 이름은 사물을 가리키는 것일 뿐.'

그럼 사물이 중요한 것일까요? 이름이 더 중요한 것일까요? 사물을 드러내기 위해 단지 이름이 필요한 것일까요? 이름을 불러 줌으로써 드디어 사물에 의미가 생기는 것일까요?

이런 생각만으로도 벌써부터 머릿속이 복잡해서 터질 것 같습니다. 그만 생각을 멈추고 싶습니다.

'생각을 멈춰?

생각을 멈추려면 말도 떠올리지 말아야 합니다. 해이는 아무 생각을 하지 않기 위해 아무 말도 떠올리지 않습니다.

'생각하지 말자. 말도 하지 말자. 나는 바보다, 나는 바보다, 나는 바보······.'

해이는 생각하지 않기 위해 '말을 하지 말자' 라고 말한 것도 말한 것이라는 생각을 합니다.

이럴 수가! 정녕 말에서 벗어날 수는 없는 것일까요? 말할 수 있는 것은 정확히 말하고 말할 수 없는 것에 대해서는 무조건 침묵만 해야 하는 걸까요?

— 《비트겐슈타인이 들려주는 언어 이야기》 중에서

생각 쓰기

1 《논리철학논고》

영국의 철학자 L. 비트겐슈타인의 전기 철학을 대표하는 저서로서 1921년에 출간되었다. 비트겐슈타인은 제1차 세계대전 동안에도 논리학과 철학의 문제를 연구하면서 자신의 생각을 정리하였다. 전쟁이 끝날 무렵 이탈리아군의 포로가 되었을 때 원고를 완성하였고 석방된 뒤 B. 러셀의 도움으로 출판하게 되었다. 언어의 본성, 말할 수 있는 것의 한계, 논리학, 윤리학, 철학, 인과성과 귀납, 자아와 의지, 죽음의 신비, 선과 악이 이 책의 주요 내용이다.

비트겐슈타인은 철학적 문제가 언어의 논리를 오해하는 데서 발생하고, 철학은 과학이 아니라 해명과 명료화를 위한 활동이라고 보았다. 또한 세계는 대상과 사실로 이루어지며 명제의 참, 거짓을 결정하는 것은 사실이고 기호의 의미를 결정하는 것은 대상이라고 하였다.

이 책은 논리 실증주의에 큰 영향을 주었고 20세기 영어권 철학에도 커다란 반향을 불러일으켰다. 그러나 저자는 후기 철학에서 자신의 주장을 비판하였다.

비트겐슈타인 연구가들은 이 책을 기점으로 그의 철학을 전기와 후기로 나

누는데, 후기 철학의 대표작으로는 제자들이 유작으로 출간한 《철학적 탐구》
를 꼽는다.

2 침묵

아무 말 없이 잠잠히 있는 것이다. 그러나 말을 하지 않는다고 언어 작용이
중지하고 있는 것은 아니다. 머릿속에서 끊임없이 생각을 하고 있으면 언어 작
용을 하고 있는 셈이다. 따라서 절대적인 침묵이란 말을 하지 않는 것은 물론
이고 생각조차 하지 않아야 한다.

02강 말의 힘

case 1 언어를 통해 생각을 드러낸다는 것은 쉽지 않다. 왜냐하면 말하는 사람도 정확하게 표현을 해야 하고, 듣는 사람 역시 제대로 들어야 하기 때문이다. 이런 점을 해결하기 위해 어떻게 해야 할지 자신의 의견을 제시하시오.

말을 쓰고 언어를 사용한다는 것은 그렇게 쉬운 일만은 아닌 것 같습니다. 왜냐하면 서로 말을 잘못 이해해서 어려운 일이 많이 생기기도 하니까요. 우선 말과 언어는 자신의 생각을 표현하는 것인데, 자신의 생각을 정확히 드러내는 것부터가 쉽지 않습니다. 마음속에 들어 있는 생각이 말로 잘 표현되지 않아서 여러분들도 쩔쩔맸던 경험이 한 번쯤은 있었을 것입니다.

뿐만 아니라 자신의 생각을 정확히 말로 표현했다고 해서 상대방이 그대로 잘 이해한다는 것도 보장할 수 없습니다. 다시 말하면, 여러분이 한 말을 잘못 듣고 오해하는 친구들이 생길 수 있으니까요. 그래도 어쩌겠어요. 우리는 말과 언어를 통해서 자신의 생각을 표현하고 이해시켜야 하는걸요.

― 《비트겐슈타인이 들려주는 언어 이야기》 중에서

생각 쓰기

1 생각

인간의 위대함은 생각에 있다. 인간 자체는 대단히 나약하고 위태롭다. 그러나 생각이 있기 때문에 거대한 일을 도모할 수 있다. 생각은 어떤 것을 추론하거나 판단하는 정신적인 행위를 말한다. 그래서 파스칼은 '인간은 생각하는 갈대' 라고 정의한다. 인간이 갈대와 같은 가냘픈 존재임에도 불구하고 온 우주를 품을 수 있는 위대함을 지니고 있기 때문이다. 이러한 모순된 양극단을 공유할 수 있는 것이 인간의 위대함이다.

2 오해

뜻을 잘못 알거나 해석을 잘못하는 것을 말한다. 서로 공통의 암호 체계를 가지고 있어야 오해가 없다. 오해가 발생하는 것은 서로의 암호 풀이 과정이 잘못되었기 때문이다. 글은 암호를 압축하는 과정이고 해석은 암호를 풀어내는 과정이다. 이 과정에서 같은 원리가 적용되지 않으면 말하는 자의 의도와 전혀 다른 해석이 나타날 수 있다.

이렇게 말과 언어는 사람들이 세상을 이해하고 다른 사람과 관계를 형성하기 위해서 꼭 필요합니다. 즉, 말과 언어는 단순히 필요한 것으로 끝나는 것이 아니라 하나의 무기와 같은 성질을 가집니다. 그것도 아주 성능이 좋은 무기입니다. 왜냐하면 우리는 말과 언어를 통해서 명령을 하기도 하고 자신의 뜻을 실현시키기도 하기 때문이지요.

또 말을 잘하는 사람을 보면 대단해 보이지 않나요? 말과 언어를 잘 사용할 수 있는 사람은 자신의 생각을 잘 표현하고 실현해 낼 수 있는 사람이라고 할 수 있습니다. 따라서 말과 언어를 힘이나 권력이라고까지 할 수 있습니다.

– 《비트겐슈타인이 들려주는 언어 이야기》 중에서

생각 쓰기

주 요 개 념 및 배 경 지 식

1 권력

여러 힘 가운데 정치적인 힘을 가리켜 권력이라고 한다. '권력' 이라는 말에는 지배와 복종, 통제, 정치, 권위 등이 뒤섞여 있다. 또 사람마다 여러 개념을 사용하고 있기 때문에 정확한 정의를 내리기 어렵다.

러셀은 '의도한 효과를 만들어 내는 힘' 이라고 정의했고, 홉스는 '선(善)이라고 생각되는 장래의 어떤 것을 획득하기 위하여 그가 현재 가지고 있는 방법' 이라고 정의했다. 또한 베버는 '어떤 사회관계 내부에서 저항을 무릅쓰고까지 자기의 의사를 관철해야 하는 모든 기회' 라고 말했다.

권력의 또 다른 힘은 개인 또는 집단이 다른 개인 또는 집단의 행동을 자기의 뜻대로 만들고 통제하는 것이다.

2 관철

뜻이나 계획을 밀고 나가 이루는 것을 의미한다. 인간의 언어는 감동과 설득이라는 방식으로 자신의 의견을 상대에게 관철시킨다. 감동은 마음속에 울림을 주어 뒤흔드는 방식이고, 설득은 논리를 통해 고개를 끄덕이게 만드는 방법이다.

3 매개체

두 사물을 연결시켜 주거나 가운데서 돕는 것을 말한다. 사람과 사람을 연결하는 중요한 매개체는 언어이다. 언어는 정보를 일방적으로 전달하는 것이 아니라 상호 간의 교류를 가능케 한다는 점에서 양 방향성을 가진다. 언어가 일방적일 때, 명령의 의미를 지니게 되고 상호 소통이 이루어지지 않을 때, 관계성은 무너진다.

03강 언어의 외적 요소

 정확히 말을 듣기 위해서는 외적 요소들을 모두 관찰해야 한다. 언어의 외적 요소에는 어떤 것들이 있는지 설명하시오.

"맞아, 그럼 말을 정확히 듣기 위해선 어떻게 해야 하는 거야?"

"말하는 사람의 미묘한 눈짓, 몸짓, 그리고 억양까지 느껴야 하는 거지."

해이는 말이 이렇게 깊고 어려운 것인지 처음 알게 되었습니다. 그냥 생각한 대로 말하고 들으면 되는 줄 알았는데 그게 다가 아닌가 봅니다. 한 사람 속에 다양한 모습이 들어 있듯이 말도 다양한 모습을 지니고 있습니다.

"아, 말은 어렵구나."

"하지만 그래서 재미있기도 한걸."

해이와 신조는 고개를 끄덕입니다. 마치 약속이라도 한 듯 동시에 끄덕입니다. 어렵지만 그래서 재미있는 것, 알 수 없지만 그래서 궁금한 것이 말인 것 같습니다.

– 《비트겐슈타인이 들려주는 언어 이야기》 중에서

생각 쓰기

비언어적 커뮤니케이션

커뮤니케이션의 한 유형으로 언어(문자 포함)를 제외한 그 밖의 모든 기호를 통한 커뮤니케이션이다. 그림, 사진, 도형, 만화 등을 비롯하여 몸짓, 손짓, 얼굴 표정, 눈짓, 몸의 자세, 신체적 접촉뿐만 아니라 나아가 웃음과 울음, 하품, 옷과 화장 등을 포함한다.

비언어적 커뮤니케이션은 다시 그 사용 기호에 따라 몸짓, 손짓, 눈짓 등에 의한 신체적 커뮤니케이션, 악수나 키스 등에 의한 접촉적 커뮤니케이션, 그림·사진·도형 등을 통한 커뮤니케이션 또는 그래픽 커뮤니케이션 등으로 나눈다.

이와 같은 비언어적 커뮤니케이션은 음성언어나 문자언어를 통한 언어적 커뮤니케이션의 부차적 수단이 되기도 하지만 독립적으로 훌륭하고 효과적인 커뮤니케이션 기능을 수행하고 있다.

04강 언어의 다양성

case 1 언어는 절대적이 아니다. 같은 말이라도 상황에 따라 그 의미가 변한다. 의미의 변화는 관계의 변화까지 일으킬 수 있다. 다음 글을 읽고 언어의 다양성에 대해 설명하시오.

"음, 확실히는 모르겠지만, 우리 엄마는 밖에서 화가 나는 일이 있을 때마다 부르는 노래가 있는데 엄청 신나게 부르거든. 신나게 부를수록 열받았다는 증거야. 그럴 땐 아무도 옆에 안 가. 그거랑 비슷한 게 아닐까? 표현하는 것과 보이는 게 전부 사실이 아닐 수도 있다고."

"비트겐슈타인도 나중에야 그걸 알았어. 처음엔 사실과 언어가 일치해서 언어를 통해서 모든 것을 드러낼 수 있다고 믿었지만 점점 그게 아니라는 생각을 하게 되었거든."

"어? 정말?"

"응. 사람은 다양한 현실 속에 살고 있기 때문에 다양한 언어를 쓰는데 상황에 따라 그 뜻이 달라진다는 거지. 아까 네가 들었던 건 사실 너랑은 상관없는데도 너에게 얘기하는 것처럼 들었잖아? 그런데 네가 그 상황이 아니었다면 천우 형 소리를 들었더라도 아무 반응도 보이지 않았을 거야."

– 《비트겐슈타인이 들려주는 언어 이야기》 중에서

생각 쓰기

1 용도의 다양성

하나의 도구가 여러 기능을 수행하는 것을 말한다. 이는 시대의 흐름이 복잡해지는 것을 반영한다. 복잡해진 사회 구조는 다양성을 구비한 도구들을 선호하게 되었다.

2 상황

인간을 둘러싼 조건이다. 인간은 주변 환경의 지배를 받는다. 따라서 환경의 변화에 인간은 민감하게 반응한다. 환경은 인간의 내면세계를 움직이기도 한다. 즉 상황은 인간의 행동과 반응의 이유를 규명하는 데 필요한 조건이다.

3 변화

모든 사물은 변화한다. 정지해 있는 물건조차 미세한 움직임이 있다. 가능성으로 보면 모든 사물은 움직임을 이미 가지고 있다. 따라서 변화하지 않는 것은 존재하지 않는 것이라고 말할 수 있다. 언어 역시 변한다. 단어와 단어가 새롭게 결합하고 새로운 의미들을 창출하며 식상한 단어들은 소멸한다.

아비투어 철학 논술

예시 답안

case 1 비트겐슈타인은 인간이 사물과 관계하는 데 이름이 중요한 역할을 한다는 것을 강조하지만 지나친 해석에는 반대한다. 그는 이름이 사물을 가리키고 사물의 특성을 알게 하는 작용을 하지만 이름이 곧 그 사물이라는 이론에 대해서는 반대한다. 왜냐하면 어떤 이름을 붙이든지, 심지어 그 사물에 이름을 붙이지 않는다고 하더라도 그 물건이 없는 것은 아니기 때문이다. 이름을 잘못 붙였어도 그 물건은 늘 같은 특징을 지닌 채 거기에 있다. 이름만 가지고 사물의 성질을 낱낱이 관찰할 수는 없다. 아무리 이름을 분석해도 어느 정도 이상 특성을 분석해 낼 수는 없다. 이름은 사물을 가리키는 역할을 할 뿐이기 때문이다.

case 2 언어는 우리가 직접 경험할 수 있는 세상의 사물들과 그 사물들 사이의 관계를 표현하는 수단이다. 언어는 세상에 없거나 우리가 직접 경험할 수 없는 것들은 표현할 수 없다.

예를 들어, 신이나 신들 사이의 관계는 우리가 직접 경험할 수 없기 때문에 언어로 표현할 수 없다. 그러므로 그런 것에 대해서 침묵하라고 비트겐슈타인은 말한다. 그런 것에 대해 말하는 언어는 실제로 표현하는 대상이 없기 때문에 내용 없는 빈말에 지나지 않는다.

case 1 생각과 언어 표현은 서로 짝을 이룬다. 왜냐하면 언어 표현은 생각을 거쳐 이루어지는 일이고 생각은 언어 표현을 염두에 두기 때문이다.

정확하게 자신의 생각을 전달하기 위해서는 먼저 머릿속에서 생각이 정확하게 정리되어야 한다. 단어들과 문장이 무엇을 지시하고 있는지 분명히 아는 것이 중요하다. 그리고 정확한 표현 방식으로 생각을 드러내야 한다. 언어가 가지고 있는 법칙을 충실하게 따라야 하며 단어의 용도와 문장의 구성 방식을 제대로 표현해야 한다.

상대방의 오해까지 염두에 둔다면 상대방의 언어 방식도 잘 이해해서 전달해야 한다. 나만의 방식으로 전달하면 상대방은 오해할 가능성이 높다.

case 2 언어는 사물과 사람, 사람과 사람을 연결하는 매개 역할만을 하는 것이 아니다. 언어는 무기와 같은 특성을 갖는다. 예를 들어 전쟁터에서 지휘관이 실수로 '공격하라!' 라는 말을 했는데, 그 말 한마디 때문에 수많은 아군이 죽을 수도 있다. 이렇듯 우리는 말을 통해 명령을 내려 다른 사람을 움직이게 하기도 하고 자신의 뜻을 관철시키기도 한다. 말은 그 자체가 힘이고 권력이다.

case 1
언어에는 언어적 요소와 비언어적 요소가 있다. 언어의 외적 요소로는 눈짓, 몸짓 그리고 억양 등이 있다. 이를 비언어적 커뮤니케이션이라고 부른다. 비언어적 요소들은 언어적 요소들을 돕는 데 그냥 보조 역할만 하는 것이 아니라 그 자체로 의미를 담고 있다. 따라서 언어의 의미를 정확히 이해하기 위해서는 이런 비언어적 요소들까지 잘 살펴보아야 한다.

case 1
언어가 겉으로 표현하고 있는 것이 그 속 내용(의미)과 다른 경우도 있다. 그것은 사람들이 거짓으로 표현하기 때문이 아니라 상황에 따라 언어의 의미가 변화하기 때문이다. 다양한 현실은 언어를 다양하게 변화시킨다. 반대로 언어는 그런 다양성 속에서 쉽게 변화할 수 있는 능력이 있다. 이렇게 언어는 끊임없이 생성, 변화, 소멸하는 모습을 보여 준다.

철학자가 들려주는 철학이야기 035

막스 베버가 들려주는 카리스마 이야기

저자_소병일
고려대학교 대학원 철학과 박사 과정을 수료했으며, 중앙유웨이 논·구술 특강 논술 전문위원으로, 현재 동덕여대에서 발표와 토론 강사로 재직 중이다.

막스 베버의 사회학 이론

1. 직업으로서의 학문
2. 직업으로서의 정치
3. 지배의 세 가지 형태

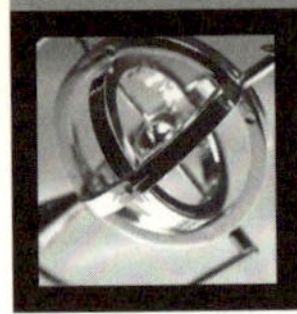

막스 베버의 사회학 이론

1 직업으로서의 학문

막스 베버는 '직업으로서의 학문' 이라는 강연에서 학자를 직업으로 삼는 사람들이 처한 상황과 올바른 학문의 자세를 이야기한다. 그에 따르면 인생이란 여러 다른 입장과 주장이 충돌하는 과정이다. 이 말을 학문에 적용하면, 학문이 추구하는 가치와 진리가 항상 옳은 것이 아니라 다른 학문들과 끊임없이 충돌할 수밖에 없다는 것을 의미한다. 베버는 자신이 살던 시기의 학계에서 보여 주었던 인종 편견, 완고함과 오만함과 같은 자기중심적인 경향을 비판했다. 그리고 학문을 하는 사람은 다른 학문을 인정하고, 학문들 간에 벌어지는 갈등과 충돌을 참고 견뎌내어야 한다고 보았다. 그래서 그는 학자는 엄격히 가치중립성을 지키면서 자신의 학문을 충실히 연구해야 한다고 주장했다.

2 직업으로서의 정치

막스 베버는 '직업으로서의 정치' 라는 강연에서 관료화가 가져온 장점과 피해를 설명했다. 그에 따르면, 자본주의에서 거대화한 관료제는 인간 생활이 합리화

되고 사회가 전문화되면서 나타난 것이다. 그런데 관료제는 사람들을 억압하고 획일화하는 문제도 가지고 있다. 베버는 이러한 문제를 극복하기 위해서는 관료가 '분노도 편견도 없이' 책임의 원리에 따라 자기 직무를 처리해야 한다고 보았다.

베버는 정치가의 경우 정열, 책임감, 판단력, 이 세 가지 자질이 매우 중요하다고 보았다. 또한 정치가는 '거리를 두고 관찰하는 능력'이 필요한데, 이로써 냉정함을 잃지 않고 현실을 있는 그대로 받아들일 수 있다. 그래서 베버는 정치가가 이러한 '거리'를 상실하는 것을 큰 죄라고 보았다. 그는 진정한 지도자란 정열과 판단력을 조화시키면서, 불가능한 일을 목표로 끈질기게 도전하는 사람이라고 보았다.

③ 지배의 세 가지 형태

막스 베버는 지배 형태를 전통적 지배, 카리스마적 지배, 합법적 지배, 이 세 가지로 구분한다. 전통적 지배의 경우, 관습에 의해 신과 같은 위치를 차지하고 있는 우두머리가 피지배자들의 절대적인 복종을 통해 그들을 지배한다. 가부장적 제도에서의 아버지나 종교적 지도자 등이 이에 속한다. 카리스마적 지배는 카리스마적 자질을 가진 지도자가 자신에게 주어진 개인적인 신뢰와 영웅성을 통해 사람들을 복종시키는 형태이다. 전쟁 영웅이나 개혁자가 그 예이다. 마지막으로 합법적 지배는 법적으로 만들어진 누구에게나 적용되는 명령을 통해 사람들을 지배하는 것을 말한다. 오늘날 우리 사회의 법관이나 행정에 종사하는 관료들이 합법적 지배 형태의 예이다. 그런데 막스 베버는 이러한 세 가지의 지배 형태가 따로따로 있었던 것이 아니라 역사적으로 서로 혼합되어서 나타났다고 보았다.

막스 베버는 근대사회의 발전 과정에서 나타났던 장단점을 냉철하게 파악한 사상가였다. 그가 보기에 근대사회는 인간의 최고 목표인 자유를 추구하는 측면도 있었으나, 오히려 그 자유를 억압하는 측면도 가지고 있다. 베버는 자본주의 사회, 정치, 학문 전반에 걸친 연구를 통해 과학적인 사회학의 가능성을 열었다. 뿐만 아니라 냉철한 통찰을 통해 근대사회와 더불어 발전한 자본주의 사회 전반의 문제점과 그 극복 방안을 제시하고자 노력하였다.

베버는 《프로테스탄티즘의 윤리와 자본주의의 정신》이라는 책에서 자본주의가 단순히 탐욕적인 이익 추구 사회가 아니라, 청교도주의의 영향을 받아 근면하고 금욕적인 생활 태도를 통해 발전했다고 주장했다. 그의 이러한 입장을 통해 자본주의 사회가 가지는 여러 문제점을 건전한 윤리 의식으로 극복하려고 했음을 알 수 있다.

'직업으로서의 학문'이라는 강연에서 베버는 '학문이 세계를 합리적으로 움직이게 하는 힘'이라고 말한다. 그런데 근대의 학문은 여러 전문 분야로 나뉘게 되고, 학자들은 각기 자신의 학문이 옳다고 우기면서 서로 대립하고 투쟁하게 되었다. 베버는 이러한 모습을 비판하면서 학문에 종사하는 모든 사람이 자신의 주관적이고 편파적인 입장에서 벗어나 서로를 배려하는 가치중립성을 지켜야 한다고 주장한다. 학자는 가치중립을 통해 주관적인 가치판단의 한계를 반성하고, 각각의 학문들이 보여 주는 차이를 인정해야 한다는 것이다.

'직업으로서의 정치'에서 베버는 자본주의 사회가 거대화와 관료화를 낳았다고 지적한다. 관료화는 원래 학문처럼 인간의 사고와 생활을 발전시키기 위한 방법이었지만, 오히려 사람들을 지배하기 위한 단순한 국가의 도구로 전락할 수 있다고 경고한다. 그에 따르면 자본주의 사회가 제대로 발전하기 위해서 관료는 투쟁이나 격정에 휘말려서는 안 되고 중립적인 위치에서 자신의 역할을 수행해야 하며, 정치가는 냉정한 판단력으로 국민을 지도할 수 있어야 한다.

생각 쓰기

주요 개념 및 배경 지식

1 합리화

　합리화란 말 그대로 이성에 맞게 사고하고 행위한다는 뜻이다. 여기서 이성이란 이치에 맞게 생각할 줄 아는 능력을 말한다. 달리 말해서 이성이란 사물을 바르게 판단하는 능력, 진실과 거짓, 선과 악을 구별하는 능력이다. 근대사회의 등장과 맞물린 합리화는 자연과학과 사회의 발전에 따라 사람들이 믿는 미신이나 맹목적인 믿음이 아니라, 이성적인 판단을 통해 살아가는 전반적인 과정을 말한다.

2 프로테스탄티즘

　오직 신만이 인간을 구원할 수 있고, 모든 것이 오직 신의 뜻에 달린 것이기에 인간의 어떤 행동으로도 신의 뜻을 바꿀 수 없다고 보는 입장이다. 인간이 할 수 있는 것은 자신의 직업에 충실하며 검소하고 근면하게 생활하는 것뿐이다. 그리고 이러한 삶을 통해 현실에서 성공할 수 있다면, 이것이 바로 신의 은총이자 구원이라고 본다.

3 관료제

전문적인 능력을 가진 관료가 국가의 행정을 도맡아 하는 통치 형태이다. 관료제는 봉건제에서 벗어나 근대의 국가를 형성하는 과정에서 발달하였다. 초기 관료제는 현실적인 권력이 소수에게 집중되어 있었고, 국민이 그들을 민주적으로 통제할 수 없었다. 이러한 상황에서 관료제는 아랫사람이 윗사람에게 철저히 복종하는 폐쇄적이고 억압적인 형태로 유지되었다. 그리하여 관료들이 마음대로 국가의 행정이나 국민을 다루는 관료주의의 문제점들이 나타나기 시작했다.

20세기의 현대사회에 들어서면서 사회가 거대화되고 국가의 기능이 확대되어 좀 더 전문적인 관료들을 필요로 하게 되었고, 관료화는 과거보다 더 발전하게 되었다. 막스 베버는 이러한 관료화의 과정을 부정적으로만 보지 않고, 변화된 사회에 맞추어 그 사회를 더욱 발전시킨 긍정적인 측면도 가진다고 보았다.

case 1 다음의 제시문을 읽고, 학문을 한다는 것이 어떤 의미인지 논술하시오.

우리는 학문이라는 것이 없었던 미개인에 비해 자신의 생활 조건을 더 잘 안다고 말할 수 없다. 만약 전차에 탔다고 했을 때 우리는 전문적인 물리학자가 아닌 이상 그것이 움직이는 이치를 잘 모른다. 그에 비해 미개인은 그날그날의 식량을 얻기 위해 어떻게 해야 하는지, 또 어떤 지식이 유용한지 잘 알고 있다. 그러므로 학문을 한다는 것이 반드시 그만큼 자신의 생활 조건에 관한 일반적인 지식을 많이 가진다는 의미는 아니다.

그것은 전혀 다른 의미이다. 그것은 마음만 먹으면 언제라도 배워서 알 수 있다는 것, 따라서 나의 생활에는 어떤 신비롭고 예측할 수 없는 힘이 작용할 이치가 없다는 것, 오히려 모든 것은 원칙적으로 예측에 의해 지배할 수 있다는 것을 믿는 것이다.

학문은 모든 형태의 수술로부터 세계를 해방시킨나. 오늘날 우리들은 미개인처럼 주술에 호소하여 나쁜 귀신을 물리친다거나 기도를 한다거나 할 필요가 없다. 기술과 예측이 그것을 대신하기 때문이다. 이것이 바로 학문을 하는 이유이다.

– 막스 베버, 《직업으로서의 학문》 참고

㉮ 제1차 세계대전에서의 패망과 더불어 찾아온 혁명의 와중에서 독일의 사회학자 막스 베버는 '직업으로서의 정치'(1919)와 '직업으로서의 학문'(1922)이라는 강연을 통해 정치인에게는 '정열', '책임감' 그리고 '판단력'을, 학자에게는 영감(靈感)을 일으킬 '정열'을 중요한 덕목으로 제시한 적이 있다. 물론 당시 독일의 상황과 오늘날 한국의 상황이 완전히 똑같다고는 할 수 없으며, 그가 요구한 '가치중립적(價値中立的)'인 입장이 반드시 정당하다고도 할 수는 없다. 그러나 '정열'을 학자와 정치인에게 요구되는 덕목으로 꼽은 점은 흥미로운 부분이다.

정열은 어떤 의미에서 사랑이라고 할 수 있다. 학자에게는 진리에 대한 사랑이, 그리고 정치인에게는 민족과 국가와 사회에 대한 사랑이 정열을 심어 준다. 그러나 이러한 정열이 너무 지나치면 독선으로 흐를 수 있다.

그래서 베버는 정치인의 덕목인 정열을 '사실성으로서의 정열', 학자의 덕목인 정열도 '예언자나 선동가'의 열성이 아니라 '교사'의 정열이어야 한다고 주문한다. 긴장감과 거리감까지 자신 속에 담을 수 있는 절제된 정열이 없으면, 날이 갈수록 심화되는 사회의 관료화 속에서 학계나 정계 모두 '굳어진 정신'이 지배하게 된다.

나 　아무튼 스스로를 희생하면서 심혈을 다 기울여야 할 일을 다만 자신의 이름을 팔기 위한 수단으로 여기며 자신이 어떤 인간인가를 '체험' 으로써 보여 주려는 사람, 다시 말해 '나는 단순한 전문가가 아니다, 나는 아직 아무도 말하지 않은 것을 말했다' 라고 생각하는 사람들은 학문의 세계에서는 틀림없이 아무런 '개성' 도 지니고 있지 않습니다. 오늘날 흔히 볼 수 있는 이러한 사람들은 쓸데없이 자기의 이름을 추락시킬 뿐이고 결국 아무런 영향도 주지 못합니다. 오히려 스스로를 희생시키며 자신의 과제에 전력을 기울이는 사람이야말로 그 '일' 의 가치를 증대시키고 명성을 높이게 될 것입니다. 이는 예술가의 경우에도 마찬가지입니다.

– 막스 베버, 《직업으로서의 학문》 참고

생각 쓰기

----

1 덕목

덕은 충과 예처럼 도덕적 · 윤리적 이상을 실현해 나가는 인격적 능력을 말한다. 덕목은 이러한 덕을 분류하는 명목을 말한다.

2 주술

주술은 주로 고대사회나 미개민족에서 발견되며, 인간의 생활 속에서 발생할 수 있는 문제를 초자연적인 특수한 힘이나 능력에 호소하여 해결하려고 하는 술법을 말한다. 주술과 종교는 사실 잘 구분되지 않는다. 그런데 주술은 종교처럼 신과 같은 존재나 인격적인 존재의 힘을 빌리지 않는다. 주술은 그 자체로 효력이 있다고 믿는 주문이나 의식을 사용한다는 점에서 종교와 차이가 있다. 주술은 아주 강력한 신념과 욕구를 필요로 한다. 그래서 주술이 제대로 작동하지 않아도 다른 이유를 대서 변명할 여지를 남긴다.

3 표절

남의 창작을 훔쳐서 자기 것인 양 발표하는 것을 말한다. 모방과 표절은 다른 사람의 것을 본뜨거나 흉내를 낸다는 점에서 비슷하지만, 모방은 본래의 것을 명확히 밝히는 반면에 표절은 마치 본래의 것을 자신의 것인 양 숨긴다는 점에서 차이가 있다.

02_강 직업으로서의 정치

case 1 제시문 ㉮에 나타난 우리나라 정치가의 문제점을 지적하고, 제시문 ㉯를 통해 올바른 정치가의 태도를 서술하시오.

㉮ 시민사회에서 정치가라는 직업은 이름을 날리는 것도 아니고 돈벌이가 되는 직업도 아니어야 한다. 오직 자기 신념과 소신에 따라 민중에게 봉사하는 것을 보람으로 삼아야 하는 것이다. 그런데 정치를 하면 이름도 날리고 돈벌이도 된다는 것이 현재 우리가 정치에 대해 갖고 있는 인식인 듯하다.

우리는 해방 후 친일 기득권층의 독재 시대를 거치며 정치인을 관리와 군인 및 일부 지식인 등에서 충원했다. 그들 가운데 권세와 기득권의 그늘에서 헤엄쳐 출세 가도를 주름잡아 온 기회주의자가 판을 쳐 정치를 망쳤다.

사회 부조리와 독재 권력의 폭정이 판을 친 그 시대에는 출세의 모범생이 지배 구조의 하수인 역을 맡아 민족과 대중에 대한 배신자가 되고 가해자가 되어 그 몫을 해 왔다.

그러나 우리에게 필요한 사람은 그렇게 권력을 추종하고 시세에 편승하고자 하는 호신술의 달인이 아니다. 정반대로 불의에 대항하고 소신 있게 실천하여 경륜을 펴는 인물이다. 일류라는 속 빈 간판과 명망이라는 허세에 속아 주눅 들면 우민 정치의 공동정범이라는 책임을 면할 수 없다.

㉯ 정치가에게는 정열, 책임감, 판단력의 세 가지 자질이 중요합니다. 현실 그대로를 냉정하게 인식할 수 있는 능력, 요컨대 사물과 인간에 대해 '거리를 두고 관찰하는 것'이 필요합니다. 어떠한 정치가든 '거리를 상실해 버리는 것'은 커다란 죄악이 될 수 있습니다.

(……)

정치라는 것은 정열과 판단력을 가지고 단단한 판자에 힘을 모아 서서히 구멍을 뚫어 가는 작업과 같습니다. 이 세상에서 불가능한 일을 목표로 끈질기게 도전하지 않는다면 가능한 일조차 달성하기 어려울 것입니다. 모든 역사의 경험이 타당하게 이를 증명하고 있습니다. 그러나 이것은 지도자가 아니면 할 수 없습니다. 지도자뿐만 아니라 아주 소박한 의미에서 영웅이 아니면 할 수 없습니다. 지도자도 아니고 영웅도 아닌 사람은 희망이 좌절될 때도 꺾이지 않는 굳은 의지를 갖고 있습니다. 그렇게 하지 않으면 지금 가능한 것도 관철시킬 수 없을 것입니다. 현실의 세계가 자신이 보기에 아무리 어리석고 천해 보일지라도 절대로 굴하지 않는 인간, 어떠한 상황에 직면해서도 '그럼에도 불구하고!' 하고 단언할 자신이 있는 인간, 그런 인간만이 '천직'으로서 정치가가 될 수 있는 것입니다.

– 막스 베버, 《직업으로서의 정치》 참고

생각 쓰기

03_강 권위와 지배의 세 가지 형태

case 1 다음 글을 읽고 권력과 권위의 차이에 대해 설명하시오.

권위란 피지배자가 지배자에 대하여 그의 지배가 정당하다고 믿을 때 성립되는 지배자의 권력(힘)을 의미한다. 예컨대, 지배는 아버지나 군주, 혹은 기업주, 대통령, 전문적 기술이나 능력의 소유자 또는 사회적 지위를 가진 사람들에 대해서 일반인이 주관적으로 복종할 때 나타난다.

이에 반해 권력이란 '자신의 의사를 타인으로 하여금 수용하도록 강제할 수 있는 현실적 힘'을 말한다. 따라서 권력은 이해관계나 부, 명예, 무력 등에 의해서 타인의 행동을 제약하고 명령할 수 있는 실질적인 힘이다.

한편 권력은 반드시 권위를 수반하지는 않는다. 독재자에게는 권력은 있으나 권위는 없다. 왜냐하면 그는 권력의 정당성을 상실하였기 때문이다. 그러므로 권위가 존재할 때에만 통치(지배)라는 현상이 성립하게 된다. 물론 권력에 의한 통치가 전적으로 성립하지 않는 것은 아니지만 통치가 복종자의 심리적인 자발성을 중시한다는 점을 고려한다면 지배는 권위에 대한 복종에서 생성되는 것이다.

권위와 권력을 구분하는 데 중요한 기준이 되는 것은 정당성이다. 결과적 측면에서 보면 권위와 권력은 모두 타인의 복종을 획득한다는 공통점을 지니고 있다. 그러나 개인적인 복종의 양상이 객관적으로 볼 때 정당성을 띠고 있는지 아닌지가 권위와 권력을 구분지어 준다. 즉 객관성의 확보 여부와 복종자의 수용 방법에서 차이를 나타낸다.

요컨대 권위는 상대로부터 인정된 힘을 지칭하는 반면에 권력은 주관적으로 행사하는 것이 가능한 힘을 말한다. 그러므로 힘을 행사하는 방법에서 권위는 그 타당성을 객관성과 피지배자의 자발적 승인에서 구하기 때문에 정당성을 구비하고 있다. 그러나 권력은 피지배자의 수용 여부와 관련 없이 행동의 제약을 가져오기 때문에 그 방법상 정당성을 반드시 동반할 필요는 없다.

㉮　전통적 지배의 경우, 피지배자들은 신성한 지위를 향유하고 있는 우두머리인 개인에 대하여 완전히 복종하지만 이러한 복종은 비인간적인 명령에 따른 것이 아니라, 개인적 충성에 따른 것이다.

카리스마적 지배의 경우, 카리스마적 자질을 가진 지도자는 그에게 주어진 개인적인 신뢰와 그것의 과시, 그리고 영웅성을 가지고 사람들을 복종시킨다.

합법적 지배의 경우, 사람들은 법적으로 정해진 명령에 복종한다. 관직의 권위를 행사하는 사람이 내리는 명령은 공식적인 합법성을 가지고 있기 때문에 사람들은 그에게 복종한다.

㉯　"민수야, 있지……."

"응, 말해."

매점 가는 길에 내가 입을 열었어.

"우리 매일 저녁까지 남아서 공부하는 것 말이야."

"응."

"몇 시까지 남아서 공부하고 싶은지 반 아이들에게 물어봐서 시간을 정하는 건 어떨까? 아니면 남고 싶은 사람만 남아서 공부하게 하거나……."

나는 조심스럽게 민수에게 내 의견을 말했어. 사실 그건 반 아이들의 전체적인 의견이기도 했어.

"야, 너 우리 반 애들 몰라서 그래? 그렇게 되면 어떤 아이들이 남아서 공부를 하려고 하겠냐? 그나마 내가 지금 이렇게 억지로라도 공부를 하게 하니까 우리 반이 지난번에 1등도 할 수 있었던 거 아니겠어?"

"하지만…… 꼭 1등이 중요한 건 아니잖아?"

내가 조용히 물었어.

"무슨 소리! 우리 반이 얼마나 환경 미화를 잘하는지, 얼마나 체육을 잘하는지, 얼마나 합창을 잘하는지를 뽐낼 수 있는 방법은 등수뿐이야. 생각해 봐. 우리 반이 아무리 공부를 잘한다 해도 1등을 못하면 그건 아무 쓸모가 없는 거라고!"

민수는 자신 있게 자신의 생각을 내게 말했어.

"음, 민수 네 말도 이해가 돼. 하지만 1등을 하더라도 점점 반 아이들 사이에 불만이 높아지고, 반 아이들이 너무 힘들어 한다면 그건 좀……."

나는 은근히 요즘 우리 반 분위기에 대해 민수에게 전해 주려고 했어.

"왜? 누가 불만 있대? 누군데?"

"아니, 누가 꼭 그렇다는 건 아니고……."

나는 민수의 질문에 당황한 나머지 말끝을 흐리고 말았지.

"그러니까 민수야, 내 말은……."

"다 우리 반이 잘되자고 하는 일이야. 모르겠어?"

민수는 내 말을 자르고 말했어.

"아니, 알지. 알아. 하지만 반 아이들이 너무 힘들어하면……."

"네 말처럼 불만을 가진 사람이 있다면 그건 그 애한테 우리 반을 사랑하는 마음이 없기 때문이야."

민수는 또 내 말을 자르고 자신의 이야기를 했어.

"동현아, 난 그렇게 생각해. 정말 우리 반을 사랑한다면 자신의 작은 불만쯤은 감수하고 학급의 일에 따라야 한다고 말이야."

민수는 지금 반 아이들 대부분이 불만을 갖고 있다는 것을 모르는 것 같았어.

"하지만 민수야, 만약 우리 반에서 대부분의 아이들이 불만을 가지고 있다면?"

"그건 어디까지나 '만약' 이고. 물론 불만을 가진 아이들이 없진 않겠지만 우리 반이 1등을 해 보자는데 싫어할 사람이 어디 있겠어? 난 그렇게 생각해."

"나는 네가 한 사람, 한 사람의 의견도 소중하게 생각해 주었으면 좋겠어."

"그럴 수 있다면 얼마나 좋겠니? 하지만 그렇게 되면 우리 반은 아무 일도 못하고 무슨 일에서든 꼴찌만 하게 될걸? 전체를 위해서 몇몇 사람들의 불만은 그냥 못 들은 체 넘어갈 필요도 있는 거야."

"휴, 그래……."

결국 난 민수를 설득시키기는커녕 민수의 이야기만 잔뜩 듣고 마는 꼴이 되었지 뭐야.

　우리 반을 사랑하는 마음으로 애쓰고 있는 민수의 말도 이해 못 하는 건 아니지만, 민수가 우리 반이 잘되는 길만을 생각하다 보니 아이들의 작은 의견에는 점차 귀 기울이지 않는 것 같아 안타까웠어. 민수가 예전처럼 반 아이들에게 인정받는 반장의 모습으로 돌아가야 할 텐데…….

–《막스 베버가 들려주는 카리스마 이야기》 중에서

생각 쓰기

아비투어 철학 논술

예시 답안

case 1 막스 베버는 자본주의 사회, 정치, 학문 전반에 걸친 연구를 통해 과학적인 사회학의 가능성을 열었을 뿐 아니라 근대사회의 장단점을 분석하여 근대사회와 더불어 발전한 자본주의 사회 전반의 문제점과 그 극복 방안을 제시하고자 하였다.

또한 베버는 《프로테스탄티즘의 윤리와 자본주의 정신》에서 자본주의는 청교도적인 근면과 금욕을 통해 발전했다고 보았다.

베버는 '직업으로서의 학문'을 주제로 한 강연에서 학문에는 다양한 가치가 충돌할 수 있다고 인정하면서 학자는 가치중립적인 태도를 취해야 한다고 보았다. 이를 통해 학자는 가치 판단의 한계를 반성하고 각각의 학문들이 보여 주는 차이를 인정해야 한다는 것이다.

베버는 '직업으로서의 정치'라는 유명한 강연에서 관료는 투쟁이나 격정이 아니라 중립적인 자세를 취해야 하고, 정치가는 냉정한 판단력을 통해 국민을 지도해야 한다고 보았다.

case 1 사람이 사는 데 학문은 어떤 의미이며, 왜 학문을 해야 하는지에 대해 한 번쯤 생각해 본 적이 있을 것이다.

많은 사람들이 이런 질문을 던지고 학자들도 이 질문에 대한 답을 구하기 위해 많은 연구를 해 왔다. 막스 베버 역시 이러한 질문에 대해 나름의 답을 구한 철학자라고 할 수 있다.

막스 베버에 의하면 학문을 하는 것은 인간이 살아가면서 생활에 유용한 것을 더 많이 아는 것이 아니다. 학문은 신비롭고 알 수 없는 힘을 통해 세상을 설명하는 것이 아니라, 이 세상의 원리를 예측할 수 있다고 믿는 것이다.

다시 말해 학문은 원하면 언제든 배워서 알 수 있는 것이고, 주술 대신에 기술과 예측을 통해 세상을 바라보는 것이다.

case 2 제시문 ㉮는 학자가 지녀야 할 중요한 덕목으로 가치중립성 외에 영감을 일으킬 수 있는 정열을 꼽았다. 학자에게 정열은 진리에 대한 사랑이라고 할 수 있다. 그런데 이러한 정열이 과도하면 독선이라는 문제를 낳을 수 있다. 그래서 막스 베버가 지적한 것처럼 학자는 교사의 정열, 절제된 정열을 추구해야만 한다.

제시문 ㉯에서 베버는 자신을 과시하려는 사람은 진정한 학문을 하는 학자가 아니라고 말한다. 그리고 이러한 사람들은 오히려 스스로를 추락시키고, 결국 누구에게도 영향을 주지 못한다고 보았다. 베버에 따르면 학자는 자신을 희생시키고 자신이 맡은 과제를 충실히 수행하는 사람이어야 한다.

제시문 ㉮와 ㉯의 내용에 따르면 올바른 학자는 진리를 사랑하는 정열을 지녀야 하고 더불어 자신을 희생시키면서 주어진 과제에 최선을 다하는 태도를 지녀야 한다.

주 제 탐 구 **02**강 직업으로서의 정치

case 제시문 ㉮는 우리나라 정치가들이 신념과 소신을 가지고 국민에게 봉사하는 것이 아니라 돈벌이에 치중하고 있는 것에 대해 비판하고 있다. 그 이유는 친일 기득권층의 독재가 기회주의를 만연시켰고, 이 속에서 정치가는 국민을 위해서가 아닌 그저 자신의 권력 유지와 욕구 충족을 위해서만 살아왔기 때문이다.

막스 베버는 제시문 ㉯에서 우리나라 정치가가 되돌아 보아야 할 중요한 덕목으로 정열, 책임감, 판단력을 강조한다. 그에 따르면 정치가는 냉정함을 잃지 않고 현실을 있는 그대로 받아들일 수 있는 능력을 갖추고 있어야만 한다. 그리고 그는 이러한 덕목을 기반으로 하여 불가능한 일에 끊임없이 도전하는 불굴의 의지를 가진 사람만이 진정한 정치가로서 자격이 있다고 말한다.

case 1 권위란 지배받는 사람이 지배하는 사람의 지배가 정당하다고 믿을 때 나타난다. 반면 권력이란 자신의 입장을 다른 사람에게 강제로 수용하도록 만드는 현실적인 힘을 말한다. 권력은 이해관계나 부, 명예, 무력 같은 것을 통해 나타날 수 있다. 그러나 이러한 권력이 항상 권위를 갖는 것은 아니다. 어떤 권력은 정당성이 없는 지배를 강제할 수 있기 때문이다.

따라서 권력과 권위는 정당성의 유무로 나눌 수 있으며, 권위가 지배받는 사람의 인정으로부터 출발한다면 권력은 개인적으로 행사할 수 있는 힘에 의해 형성된다.

우리나라의 일제 강점기나 군부 정권을 생각한다면 쉽게 이해할 수 있을 것이다. 일본은 무력을 이용해 강제로 우리나라를 장악해서 권력을 가졌지만 우리나라는 끊임없는 독립 운동으로 그 권력에 대항했다. 일본은 권력을 가지고 있었지만 권위를 가졌던 것은 아니며 군부 정권 역시 마찬가지라고 할 수 있다. 우리 국민은 민주화를 향한 염원으로 정부라는 거대한 권력에 항의했다. 이는 그 당시 정부가 정당성이 없었기 때문에 권위를 인정받지 못한 것이라고 할 수 있다.

case 2 제시문 ㉮에서 민수가 학급 친구들의 의사와는 무관하게 강제로 공부를 시키고, 전체 학급에서 1등을 차지하려는 모습은 카리스마적 지배와 유사하다.

카리스마는 '루돌프 좀'의 저서 《원시기독교단》을 소개하면서부터 사용되었다. 이 말을 이용해 지배의 형태에 이름을 붙이고 체계적인 이론을 전개한 사람이 바로 막스 베버이다. 카리스마는 원래 그리스도교 용어로 성령의 특별한 은총을 뜻하며 영의 식별과 예언 능력, 나아가 지배자의 초자연적 · 초인간적 · 비일상적인 힘 따위를 일컫는 말이다.

이를 막스 베버가 세 가지 지배 유형 중 하나로 제시하면서 널리 알려졌으며 그 세 가지는 합리적 지배, 전통적 지배, 카리마적 지배이다.

카리스마적 지배는 개인적으로 특출한 능력과 영웅성을 통해 지배하는 방식인데, 이러한 지배는 조직의 통합력이나 역동성을 강화할 수 있는 장점도 가지고 있지만 제시문 ㉯에서 나타난 것처럼 상대방의 상황이나 의견을 무시하는 독단이나 독재로 나타날 수 있는 위험성이 있다.

이러한 카리스마적 지도자의 대표적인 예로 나폴레옹, 히틀러, 스탈린, 모택동 등을 들 수 있다.

철학자가 들려주는 철학이야기 036

키르케고르가 들려주는 죽음에 이르는 병 이야기

저자_**소병일**
고려대학교 철학과 대학원 박사 과정을 수료했으며, 중앙유웨이 논·구술 특강 논술 전문위원으로, 현 동덕여대 '발표와 토론' 강사로 재직 중이다.

01_강 실존주의의 선구자 키르케고르

case 1 다음의 제시문에는 전통적인 철학자들의 태도에 대한 키르케고르의 비판적 입장이 잘 나타나 있다. 전통 철학에 대한 그의 비판을 바탕으로 키르케고르가 실존주의의 선구자라고 불리는 이유를 논술하시오.

"순수한 존재 속에서 살고 있는 추상이라는 환상적인 존재와 마치 나무 막대기를 멀찍이 세워 놓듯이 추상적 본질을 자신으로부터 멀찍이 세워 놓는, 때로는 불쌍하기까지 한 한 교수의 형상이다. (……) 비록 레이스를 짜는 장애 여공이 아주 훌륭한 레이스를 만들어 낸다고 해도 이 가엾은 장애 여인을 생각하는 것은 슬픈 일이다. 한편 아무리 유능하다고 해도 인격적으로 보잘것 없는 인색한 사람으로 살아가는 사상가를 보는 것도 희극적이다. 그는 결혼은 했어도 사랑받는다는 것을 알지 못하거나 그런 것에는 거의 동요하지도 않는다. 따라서 부부 생활 역시 그의 사상반큼이나 비인격적일 것이고, 개인적 삶도 정열적인 싸움이 없는 것이며, 그저 어느 대학이 보수를 제일 많이 주는가에만 급급한 속물일 것이다. (……) 한 사람이 다른 사람을 위해 노예살이를 하기 때문에 레이스를 짜는 장애 여공을 생각할 때 눈물 없이는 레이스에 감탄할 수 없을 것이다."

– 키르케고르, 《철학적 조각들에 대한 결론으로서의 비학문적 후서》 참고

생각 쓰기

㉮ 소크라테스: 그러니까 아무도 가르쳐 주지 않은 채 질문만 할 뿐인데도, 그 자신 스스로가 지니고 있는 지식을 되찾게 됨으로써 인식하게 되는 거겠지?

메논: 예.

소크라테스: 스스로 자신 속에 있는 지식을 되찾는다는 것을 상기한다는 것이 아니겠나?

메논: 물론입니다. (……)

소크라테스: 하여 만약 모든 진리가 언제나 우리들의 혼 안에 있고 혼이 죽지 않는다면 지금 단지 자네가 상기하지 못하고 있는 것들에 대해 용기를 내어 탐구하고 상기하도록 시도해야겠지?

– 플라톤, 《메논》 참고

소크라테스: 그것은 항상 존재하는 것에 대한 앎을 위한 것이지, 어느 때에는 생성
　　　되었다가 소멸해 버리는 것에 대한 앎을 위한 것은 아니라는 걸세.

글라우콘: 쉽게 합의를 볼 것이네요. 기하학은 항상 존재하는 것에 대한 앎이니
　　　까요.

소크라테스: 그러니까 여보게! 그것은 혼을 진리로 이끄는 것이며, 지금 우리가 옳
　　　지 않게 아래로 향해 갖고 있는 철학적인 사고를 위쪽으로 향하여 갖도록 만
　　　드는 것이라네.

— 플라톤, 《국가》 참고

❹ 　진리에 대해 객관적 의문을 가질때, 그는 자신이 관계하고 있는 대상으로서
의 진리에 대해 객관적으로 반성하는 것이다. 여기서 그는 관계에 대해 반성하지
않고 자신이 관계하고 있는 것이 진리라는 것에 대해, 즉 그가 관계하고 있는 참된
것에 대해서만 반성할 뿐이다.

　결국 그가 관계하고 있는 것이 진리일 경우에만, 주체는 진리 안에 있는 것이다.
그러나 진리에 대해 주관적으로 물음을 던질 때에는 개인의 관계에 대해서도 주
관적인 반성을 하게 된다.

　이런 관계의 방법이 진리 안에 있기만 한다면, 이때의 개인은 비록 비(非)진리와
관계했다 하더라도 진리 안에 있는 것이 된다.

— 키르케고르, 《철학적 조각들에 대한 결론으로서의 비학문적 후서》 참고

생각 쓰기

산파술

소크라테스 특유의 대화술로, 상대방에게 계속해서 질문을 던져 대답하게 함으로써 상대방으로 하여금 자신의 무지함을 스스로 깨닫게 하는 방식이다. 나아가 상대방이 자신이 모르고 있던 바를 스스로 알아내도록 대화를 이끌어 가는 방식이기도 하다. 산파술은 문자 그대로 아이를 낳을 수 있게 도와주는 산파의 기술을 의미하는데, 이는 소크라테스의 대화술을 일컫는 용어로 자리 잡게 되었다. 왜냐하면 소크라테스는 상대방에게 일방적으로 지식을 가르쳐 주는 역할은 하지 않고, 오직 상대방 스스로 지식을 낳을 수 있도록 도움을 주는 역할만을 하기 때문이다.

03강 심미적 단계에서의 자유와 윤리적 단계로의 이행

case 1 다음의 제시문을 읽고, 심미적 단계의 자유가 가지는 한계점에 대해 논술하시오.

"키르케고르는 세 가지 삶의 단계에 대해 말했단다. 먼저 육체적 쾌락을 즐기는 심미적 단계에는 '쾌락의 패러독스' 라는 것이 있는데, 패러독스라는 건 '역설' 이라는 뜻이야. 자기가 원하는 쾌락으로 만족을 이루는 바로 그 순간에 사람들은 불만족을 느끼게 된다는 그런 뜻이란다. 그러니까 심미적 단계는 완전한 쾌락 추구가 되지 못한다는 거지."

"아, 알 것 같아요. 저도 언젠가 게임을 하는데 한 레벨을 다 끝내면 바로 그 다음 레벨로 가고 싶고, 그렇게 자꾸만 하다 보니까 밤이 될 때까지 하게 되었어요. 아무것도 안 하고 게임만 몇 시간 하고 나니까 기분이 무척 나빠지더라고요."

슬기의 말을 들으니 나도 같은 경험이 생각났다. 원래 게임이란 게 하면 할수록 더 하고 싶은데, 막상 끝날 때가 되면 이상하게 기분이 상한다. 허무하기도 하고……

"그래. 그런 경험 말고도 너희들이 어른이 되면 그런 일을 더 많이 겪게 된다. 어떤 사람은 더 높은 권력을 얻으려 하고, 어떤 사람은 더 많은 돈을 벌려고 하지. 그

럴수록 사람들은 쾌락의 역설, 즉 불만족을 얻게 될 수밖에 없다. 욕심은 끝이 없
는 것이니까."

– 《키르케고르가 들려주는 죽음에 이르는 병 이야기》 중에서

 키르케고르에 의하면, 절망은 자기 자신으로부터의 도피로서 자기 자신과의 잘못된 관계이다. 그러나 그는 절망을 고통이자 동시에 하나의 기회라고 보았다. 다음의 글을 읽고 키르케고르가 절망을 기회라고 본 이유에 대해 설명하시오.

절망은 과연 장점일까 단점일까? (……) 확실히 절망은 이 모두를 가지고 있다. 절망하고 있는 인간을 생각하지 않은 채 어디까지나 추상적인 수준에서 머무른다면 절망에는 큰 장점이 있다고 말하지 않을 수 없으리라. 이 병에 걸릴 수 있다는 가능성이 인간을 동물보다 뛰어나게 만드는 것이다.

(……)

그러나 절망은 보편적 진리이다. 사람이 절망하고 있다는 것이 드문 일이 아니라 오히려 사람이 진실로 절망하고 있지 않다는 것이 극히 드물고 희귀한 일이다.

– 키르케고르, 《죽음에 이르는 병》 참고

"절망하고 있는 사람은 절망 가운데 서 있고, 거기에 충실할 것을 요구받는다. 하지만 어떤 사람은 절망에 정면으로 부딪치면서 자기를 찾고, 어떤 사람은 절망을 피하려고 하지."

– 《키르케고르가 들려주는 죽음에 이르는 병 이야기》 중에서

생각 쓰기

04강 윤리적 단계에서의 자유와 종교적 단계로의 이행

case 1 키르케고르는 윤리적 단계의 자유가 한계를 가진다고 지적하면서, 윤리적 단계를 넘어서서 종교적 단계로 이행할 것을 주장한다. 그에 의하면, 종교적 단계를 통해 신 앞에 홀로 선 인간으로서의 선택이 이루어져야 한다. 이러한 선택을 통해 비로소 인간의 진정한 자유가 실현된다는 것이다. 즉, 그가 윤리적 단계의 한계를 지적했다고 해서, 이것이 올바르게 행동하고자 노력할 필요가 없다거나, 아무렇게나 행동해도 좋다는 것을 의미하는 것은 결코 아니다. 다음의 인용문을 바탕으로, 신 앞에 홀로 선 인간으로서의 결단이 왜 자신에 대한 더욱 엄격한 반성과 신중한 선택을 요구하는지, 그 이유에 대해서 논술하시오.

"교통신호를 지켜야 하는 것 등은 당연히 해야 할 일이지만, 어떤 어려운 문제에 부딪치면 사실 해답이 명확하지 않은 경우도 있거든. 예를 들면 안락사 문제 같은 것 말이야."

"그럼 안락사를 시켜도 된단 말인기요?"

슬기가 한숨을 내쉬며 물었다. 생각해 보니 그런 문제에는 완전한 해답이 없을 것 같았다.

"바로 그게 문제야. 우리는 안락사를 허용할 것인가 말 것인가에 대해 아무도 분명한 답을 내리지 못해. 물론 자살은 나쁘고, 생명은 귀중한 것이니까, 법적으로 안락사를 자유롭게 허용하지는 않지. 이런 문제는 안락사 외에도 여러 가지가 있단다. 사형 제도를 유지할 것인가 말 것인가 그런 문제 등등……."

(……)

"이런 경우들을 봐서도 알 수 있듯이 윤리적 태도에도 한계가 있을 수밖에 없어. 그래서 우리는 종교적 단계를 생각해 보게 되는 것이다."

(……)

"그래. 우리들이 이처럼 남의 말이나 분위기에 휩쓸리지 않고 자신의 주관대로 행동하려면 어떻게 해야 할지 생각해 보자. 그러려면 먼저 진정한 자기를 발견해야 해. 키르케고르는 이렇게 말하고 있단다. 자기를 찾아라. 그리고 홀로 자신의 뜻을 지켜라."

"그런데 선생님, 자기를 찾는 것과 하나님 앞에 선다는 것이 무슨 상관이에요?"

아무래도 선생님의 말이 이해되지 않아 내가 물었다.

(……)

"하나님 앞에 설 때 자아를 찾지 못한 사람은 견디기가 어렵게 되지. 그러므로 인간이 진정한 존재의 힘으로 우뚝 섰는지는 하나님 앞에 홀로 서 있을 때에만 알 수 있게 되는 거란다."

-《키르케고르가 들려주는 죽음에 이르는 병 이야기》 중에서

그리스도교적 영웅의 정신이란 대개 아주 드물게 볼 수 있는 것이기는 하지만 완전한 존재로서의 자기 자신이 되려고 하는 것이지. 다시 말해서 한 사람의 존재

로 신 앞에 홀로 설 수 있는 인간은 자신에게 주어진 노력과 책임을 감내하면서 하나의 완벽한 인간이 되려고 하는 것이다.

– 키르케고르, 《죽음에 이르는 병》 참고

　잘못이 있는 존재인 나를 선택할 때에만 나는 나 자신을 절대적으로 선택하는 것이다. (……) 아버지의 잘못을 상속받은 아들은 그것을 함께 참회할 때에만 자기 자신을 절대적으로 선택할 수 있다. 눈물이 아들에게서 모든 것을 완벽하게 씻어 낼 정도로 계속해서 참회할 때에만 그는 자기 자신을 선택하는 것이다.

– 키르케고르, 《이것이냐 저것이냐》 참고

생각 쓰기

1 단독자

단독자란 신 앞에 홀로 선 존재로서의 개인을 말한다. 전통적인 철학에서 인간은 '이성적 동물'과 같이 정의됐다. 이는 모든 인간에게 해당되는 정의이다. 그러나 실제의 나는, 나만의 경험을 가지고 있고 나만의 성격을 가진 세상에 단 하나밖에 없는 특별한 존재이다. 따라서 나를 '이성적 동물'이라고 정의 내릴 때 개인적인 특수성은 의미를 잃게 될 수밖에 없다. 이에 반해 단독자는 자신만의 고유한 역사를 가진 구체적인 개인이다. 키르케고르에 의하면, 타인들과의 모든 이해관계를 벗어나 오직 신 앞에 홀로 선 단독자가 되었을 때, 우리는 이러한 구체적 개인으로서의 자신을 비로소 만날 수 있다.

단, 단독자에 대한 그의 설명은 극단적인 개인주의를 의미하지 않는다. 오히려 신 앞에 홀로선 단독자만이 진정한 이웃 사랑을 실현할 수 있다고 말한다. 단독자는 자기 자신에 대해 가장 솔직해질 때 비로소 타인에 대한 신성한 이해가 가능하기 때문이다

– 《키르케고르가 들려주는 죽음에 이르는 병 이야기》 중에서

2 양심

키르케고르에 의하면, 우리가 양심을 가지는 것은 신이 항상 개인에 대해 모든 것을 알고 있다는 사실에 기인한다고 보고 있다. 이는 신이 항상 모든 사람들을 감시하고 있다는 의미가 아니다. 우리에 대해 신이 모든 것을 알고 있다는 의미는, 역으로 자신이 한 언행에 대해 자기 스스로 비판적 의식을 가진다는 의미이다. 양심은 자신의 참된 모습으로 우리를 돌아오게 하는 힘인 것이다.

키르케고르는 우리가 항상 양심을 갖고 있는 것이 아니라, 양심을 얻으려고 노력해야 한다고 말한다. 왜냐하면 양심을 가진 채 행동하는 것은 때로는 불편하고 때로는 귀찮은 일이기 때문이다. 따라서 우리는 자주 양심을 외면하고 편한 대로 생활하려고 한다. 양심에 따르는 행동은 누구나 할 수 있는 일이라고 쉽게 말할 수 있지만 실제로 실천으로 옮기는 것은 쉬운 일이 아닌 것이다. 따라서 키르케고르는 고된 학습을 필요로 하는 훈련과 같이 자기 스스로를 다스림으로써 계속해서 양심을 얻기 위해 노력해야 한다고 말하는 것이다.

아비투어 철학 논술

예시 답안

case 1 여직공이 레이스를 아무리 아름답고 완벽하게 만들어 낸다고 하더라도, 그녀는 불구의 몸을 가지고 힘들게 살아가는 한 사람이다. 철학 역시 마찬가지이다. 아무리 뛰어난 이론을 만들어 내는 철학자라고 하더라도 그의 삶은 불행할 수 있다.

'사랑이란 무엇인가' 라는 철학적인 물음을 던지고 이에 답하려고 하는 사람이 정작 자신의 결혼 생활에 대해서는 무관심할 수 있다. 따라서 여직공이 만들어 낸 레이스만이 중요한 것이 아니라, 불구의 몸으로 살아가는 그녀의 삶도 중요하다. 철학적인 해답만이 중요한 것이 아니라, 철학 공부를 하고 있는 자신의 삶을 돌아보는 것도 중요하다. 키르케고르는 불행한 상황이나 불성실한 태도와 같이 우리가 겪는 많은 일들은 전혀 생각하지 않고, 이러한 생활 밖에 있는 객관적이고 불변하는 어떤 것으로서의 진리만을 추구하는 것은 환상을 좇는 무의미한 일이라고 보았던 것이다. 즉 인간 외적인 관계에서 발견한 객관적 진리 체계는, 우리의 자아가 그 속에 살고 있지 않다면 결코 본래의 우리 것이 아닌 환상에 불과하다는 것이다.

그러한 비판을 하며 키르케고르는 철학은 인간의 구체적인 삶, 즉 내적인 자기 자신과 관계 맺기에 초점을 맞춰야 한다고 생각했다. 따라서 그는 죽음, 절망, 불안 등과 같은 인간의 실존적인 측면을 자신의 철학에 적극적으로 도입했다. 그가 실존주의의 선구자라고 불리는 이유가 바로 여기에 있다.

case 1 플라톤에게 진리는 수학적·기하학적 명제와 같이, 언제 어디서나 참인 객관적 진리이다. 진리는 '언제나 변함없이 있는 것'이어야 한다. 있다가 사라지는 것 또는 없다가 생겨나는 것은 진리가 아니다. 또한 플라톤은 소크라테스의 입을 통해 이러한 진리는 상기하는 방법을 통해 획득할 수 있다고 말하고 있다. 그에 의하면, 질문과 답변으로 진행시켜 나아가는 산파술을 통해 자신의 잘못된 인식을 깨달을 수 있다고 한다. 뿐만 아니라 인간은 자신의 영혼 안에 진리를 가지고 있기 때문에 산파술을 통해 자신의 무지를 깨달을 수 있고, 더 나아가 잠시 잊고 있던 진리도 기억해 낼 수 있다고 한다. 이러한 견해에는 인간이 객관적 진리를 소유할 수 있다고 보는 태도가 포함되어 있다.

case 2 키르케고르가 보기에 가장 확실한 것은 '나는 죽는다'라는 사실이다. 그는 변함없이 영원히 존재하는 진리만을 찾는 플라톤과 같은 철학자들을 비판한다. 그는 이들을 환상을 좇는 인간이라고 부른다. 왜냐하면 그들은 자기 자신이 죽는다는 가장 확실한 사실을 염두하지 않은 채, 오직 죽지 않는 진리만을 좇고 있기 때문이다.

키르케고르에게 진리는 수학이나 기하학의 원리들과 같이 증명될 수 있는 객관적 대상이 아니다. 그에 의하면, 진리는 '인간이 추구하는 대상'과 '그러한 자기 자신'과의 '관계'에 대한 탐구 속에 존재한다. 진리는 인간 밖에 독립적으로 존재하는 것이 아니라 자기 자신과 대상 '사이' 에 존재한다는 것이다. 다시 말하면, 진리는 '죽지 않는 영원한 대상' 과 그 대상을 추구하고 있는 '죽을 수밖에 없는 자기 자신' 과의 '관계' 에 대한 것이다. 이러한 관계에 대한 파악은 어떤 수학적, 과학적 증명 과정을 통해서 이루어지는 것이 아니다. 그것은 진리를 추구하고 있는 '자기 자신' 에 대한 반성을 통해 이루어진다. 키르케고르는 이러한 반성의 과정 안에 진리가 담겨 있다고 말한다.

주 제 탐 구 **03** 강   심미적 단계에서의 자유와 윤리적 단계로의 이행

case 1   심미적 단계에서의 자유란, 감각적인 즐거움을 통해 일시적인 해방감을 얻는 것을 말한다. 그러나 이러한 자유는 진정한 자유라고 말할 수 없다. 왜냐하면 이러한 자유는 순간적일 뿐이고, 나중에는 고통까지 초래하기 때문이다. 예컨대, 음식의 맛이 주는 쾌락을 최대한 느끼기 위해 계속해서 먹다 보면, 어느 순간 지나친 포만감에 고통스러워진다. 또한 일회적인 쾌락을 위해 어떤 대상에 몰두하였을 때, 그것은 종종 허무함과 공허함을 불러일으키기도 한다. 처음에 즐거웠던 것이 나중에는 고통을 야기하는 것이다. 그럼에도 불구하고 우리는 순간적인 자유를 계속해서 맛보기 위해 또 다른 오락거리를 찾는 경향이 있다. 그러나 이러한 과정은 또 다른 대상을 찾아서 방황하는 중독을 낳을 뿐이다. 우리의 욕심이 끝이 없기 때문이다. 따라서 심미적 단계로부터 얻는 자유는 완전하지 못하다는 한계를 가진다.

절망이 고통이자 기회인 이유는, 인간이 절망을 통해 자기 자신에 대해 반성할 수 있기 때문이다. 예컨대, 어떤 목적을 달성하지 못해 절망하고 있는 사람은 자신이 그 목적 달성의 실패 때문에 괴로워하고 있다는 사실을 의식할 수 있다. 이 과정에서 그는 자신에게 그 목적이 어떤 의미를 가지는지, 왜 자신이 그러한 목적을 추구하고 있는지 돌이켜 볼 수 있게 된다. 이는 곧 자기 자신이 어떤 사람인지에 대한 반성의 시간인 것이다. 결국 절망은 우리 자신을 돌아보게 함으로써 자신의 문제를 스스로 인정하는 계기를 마련해 준다.

키르케고르는 절망은 보편적인 현상이라고 말한다. 즉, 절망을 경험하지 않는 사람은 하나도 없다는 말이다. 따라서 우리 모두는 절망을 통해 자기반성의 기회를 갖는다. 단, 절망으로부터 도피하여 다시금 심미적 단계로 빠져 드는 사람이 있는가 하면, 절망을 기회로 삼아 자신의 모습을 직시하려고 하는 용감한 사람도 있다. 이중에서 어떠한 태도를 취하는가는, 우리가 스스로에게 얼마나 솔직하게 다가서느냐에 달려 있다.

주 제 탐 구 **04**강 윤리적 단계에서의 자유와 종교적 단계로의 이행

인간다운 삶을 위해 우리는 '인간으로서 지켜야 하는 보편적 가치와 윤리'를 추구해야 한다. 키르케고르에 따르면 그러한 삶의 방식에서 우리는 내적 평화를 얻고 자유로워질 수 있다고 하였다.

그러나 우리는 종종 행위 결정 시에 서로 우열을 가릴 수 없는 여러 개의 윤리 가치들의 충돌 상황을 맞게 된다. 안락사와 같이 개인의 자기 결정권(자유)과 생명 존엄의 충돌을 그 예로 들 수 있다. 이때 실존적 자유를 보장해 줄 수 있으리라고 생각했던 행위 결정 기준으로서의 윤리 가치들은 그 상황에 처한 당사자들에게 명확한 판단 기준으로서의 역할을 하지 못하고 오히려 혼란을 일으킬 수 있다. 뿐만 아니라 갈등하는 윤리 가치 가운데 어느 하나를 기준으로 하여 행위를 결정하게 되면, 그 당사자는 포기했던 다른 윤리 가치에 의해 죄책감과 절망감을 떨쳐 버릴 수 없게 된다. 이렇게 어느 하나의 원칙이 우리에게 분명한 답을 제시해 주지 못하기 때문에 우리는 윤리적 원칙에만 의존하여 행동할 수 없다. 윤리가 우리의 윤리적 삶을 보장해 주지 못한다는 점, 바로 이 모순이 윤리적 삶의 한계 중 하나이다.

윤리적 삶의 한계를 극복하기 위하여, 키르케고르는 종교적 단계로의 삶의 방식을 이행할 것을 주장한다. 종교적 단계의 삶이란 신 앞에 홀로 선 인간으로서 행동해야 하며, 이 행동에 모든 책임을 져야 한다는 것을 말한다. 왜냐하면 신 앞에 홀로 섰을 때 우리는 다른 사람의 시선이나 이해관계를 고려하지 않은 채, 전적으로 자신의 양심에 따라 판단해야 하기 때문이다.

단, 신 앞에 홀로 서서 행동한다는 말은 신이 시키는 대로 한다는 의미가 아니다. 신은 개인이 양심을 통해 자신에 대해 반성하고 결정하는 모습을 말없이 지켜볼 뿐이다. 모든 판단과 선택은 신 앞에 선 바로 나 자신이 해야 하는 역할이다.

따라서 키르케고르는 윤리학의 한계를 인정함으로써 윤리적 태도를 버려도 좋다고 말한 것이 아니다. 신 앞에 홀로 선 개인으로서 우리는 더욱 엄격한 자기반성과 신중한 선택을 해야 하며, 자신의 행동에 대해 더 큰 책임을 져야 하는 것이다.

Abitur

노자가 들려주는 도 이야기

저자_**유성선**
현재 강원대학교 철학과 교수로 재직 중이다.

노자의 사상

1. 노자의 '도' 사상이란?
2. 노자의 '무위자연' 이란?
3. 노자의 마음 다스리기와 겸허한 삶이란?
4. 노자의 생명 중시 사상이란?

노자의 사상

◼ 노자의 '도' 사상이란?

노자는 중국 철학에서는 처음으로 도(道)라는 개념을 이용해 천지 만물의 존재와 운동을 설명하였다. '도'란 혼연히 이루어진 어떤 것으로, 이 세상천지보다 먼저 생겨났다고 한다.

노자는 '도'에 관해 이렇게 말했다.

"홀로 있으면 영원하고 두루 운행하면서도 위태롭지 않으므로, 천하의 어미가 될 수 있다. 그 이름을 알지 못하나 억지로 비슷한 뜻을 찾아 별명을 붙여 주듯이 '도'라고 이름 해 본다."

우리는 종종 '나를 있게 한 근원은 무엇일까?', '엄마의 엄마는 누구일가?' 이런 물음을 던지면서 우리들의 근원에 관해 생각하곤 한다. 그러나 노자의 '도'는 자신이 도를 안다고, 즉 이 세상의 근본에 관해 알고 있다고 믿는 사람은 얻지 못하고, 자신을 낮추면서 편견에서 벗어나는 사람이 깨칠 수 있는 것이라고 한다.

노자는 천지 만물의 근본인 '도'는 영원히 사라지지 않으며 옥황상제보다도 먼저 존재한다고 말한다. 그래서 '도'는 어떤 의지도 갖지 않으며, 천지 만물을 사랑하지도 미워하지도 않는다. 이는 천지 만물의 궁극적 실제인 '도'에는 아무런 의지나 목적이 없다는 것을 분명히 한 것이다.

사람들은 무언가를 만들면 그것이 당연히 자기 것이라고 주장하고 자기 뜻대로 그것을 좌우하려고 든다. 하지만 '도' 는 어떤 의도나 목적을 갖고 사물을 만들려고 하지 않으며, 자신이 만든 사물을 간섭하거나 지배하려 들지도 않는다. '도' 가 만물을 주재(主宰)하지 않는다는 노자의 주장은 당시 중국 사상계의 분위기를 고려할 때 혁명적인 의미를 갖는 것이었다.

고대 중국에서는 하늘에 있는 상제(上帝)가 이 세상을 지배한다는 인격 천(天) 개념이 있었다. 그러나 노자는 지배자들이 이런 천(天)의 개념을 이용해 백성을 억압한다고 생각하고 주재자(主宰者)로서의 천(天) 사상을 부정했다. 그리고 노자는 '사람은 땅을 본받고, 땅은 하늘을 본받고, 하늘은 도를 본받으며, 도는 자연을 본받는다' 는 말로 무위자연의 이치를 설명하였다.

노자는 억지로 하는 일과 꾸며서 하는 일 등을 '인위' 라고 비판하면서 사람들에게 '무위' 의 사상을 말하였다. '무위' 란 꾸밈없고 자연스러운 행위를 의미한다. 하지만 노자는 이를 자연스러운 행위라고 말하거나 정의하지는 않았다. 어떤 것을 정의하면 이미 인위가 개입되는 것이고 자연스럽지 못한 것이 되기 때문이다. 그렇다면 노자는 어떻게 해야 자연스러운 삶을 살 수 있다고 했는가?

사람들 각자가 자기 자신에게서 자연스럽지 않은 것, 불필요한 것들을 덜어 낸다면 자연스러움을 회복할 수 있다고 말했다.

③ 노자의 마음 다스리기와 겸허한 삶이란?

노자는 세상 만물의 근원인 '도'의 성격을 물에 비유했다. 물은 부드럽지만 그 방울이 오랫동안 한곳에 떨어지면 바위도 뚫는다. 물은 약하고 부드러우며 가장 낮은 데로 향하고 어느 곳에서든 쉽게 스며드는 성질이 있다. 하지만 물은 만물의 근원이다. 그런데도 물은 만물에 간섭하지 않고 명령도 하지 않는다. 이런 물은 무위자연의 도를 이해하는 데 도움이 된다.

물은 부드럽고, 약하고, 자신을 낮추고, 다른 것에 스며드는 성질이 있기 때문에 강해질 수도 있고 거대한 바다도 된다. 그와 마찬가지로 사람들도 너그럽고 평안한 마음을 가진다면 스스로 마음을 다스리는 사람이 될 수 있을 것이다. 노자는 사람들이 마음을 넓히려고 노력만 한다면 누구든지 물처럼 커다란 마음을 가질 수 있다고 했다.

겸허한 사람은 다른 사람들의 생각이 나와 다를지라도 일단은 받아들인다. 그렇게 하다 보면 자신의 생각이 짧았던 것도 깨닫게 되고 미움의 감정도 점차 사라져 더 큰 사람이 될 수 있다.

④ 노자의 생명 중시 사상이란?

노자는 개인이 사회에 의지해야 할 당위나 필요를 느끼지 않았다. 그는 개인을 제약하고 간섭하는 제도나 도덕은 없는 것이 더 낫다고 생각했다. 이러한 사상은 경물중생(經物重生)의 사상으로 발전한다. 경물중생이란 생명을 그 무엇보다 소중하게 생각하는 것을 말한다.

노자는 인간에게는 귀, 눈, 코, 입, 몸, 뜻과 같은 욕구 기관이 있고, 이것들의 대상은 음성, 미색, 향기 등 자연에 있는 것들이라고 했다. 따라서 인간은 욕구를 자연스럽게 충족시켜야 삶의 의지를 제대로 실현하는 것이다.

그러나 인간은 사회적 동물이기에 욕구를 있는 그대로 마음껏 충족시키면서 자유롭게 살 수 없다. 만약 그렇게 하려고 한다면 사회에서 일어나는 갖가지 사건이 그를 가만히 내버려 두지 않을 것이다.

더욱이 사회 갈등이 심했던 전국시대 중국에서는 개인이 자신의 삶을 온전히 펼치는 것이 쉽지 않았다. 그래서 경물중생의 사상을 가진 일부 선비들은 많은 사람들이 살고 있는 사회를 버리고 자연의 품속에서 생활하는 것이 바람직하다고 생각했다. 노자도 그중의 한 사람이다.

01강 노자는 어떤 사람인가?

case 1 노자는 어떤 사람이었으며, 어떤 주장을 했는지 요약하시오.

노자의 성명은 이이(李耳)이고 자는 담(聃)이다. 노자는 초나라 사람으로 춘추시대 말기 주나라의 장서실 관리인이었다. 공자는 젊었을 때 뤄양으로 노자를 찾아가 예(禮)에 관한 가르침을 청한 것으로 알려져 있다.

노자는 주나라가 쇠퇴하자 이를 한탄하고 은퇴를 결심했으며 서방으로 떠났다. 그러던 중 관문지기의 요청을 받고 2편의 책을 써 주었다고 한다. 이 책을 《노자》, 또는 《도덕경》이라 하는데, 이 책은 도가 사상의 효시로 간주된다. 그러나 노자의 일생에 대해서는 불확실한 것이 많다. 사마천은 노자의 생애가 잘 알려져 있지 않은 이유는 그가 은둔 생활을 했기 때문이라고 한다.

생각 쓰기

㉮ 노자는 일체의 근원을 '도'라고 하였고, 사람의 힘이 가해지지 않은 자연 그대로의 상태, 즉 무위자연을 이상적인 삶의 모습이라고 생각했다. 그는 인의가 강조되는 것은 대도가 없기 때문이고, 크나큰 거짓이 판을 치는 것은 지혜가 강조되었기 때문이며, 효도와 우애가 강조되는 것은 육친이 화목하지 못하기 때문이고, 충신이 나오는 것은 나라가 혼란에 빠졌기 때문이라고 주장했다. 노자는 이런 문제에서 벗어나려면 자비와 검소, 그리고 겸손이 중요하다고 말하면서, 이를 삼보(三寶)라고 불렀다.

㉯ 순자는 사회의 질서를 유지하기 위해 인간의 행위를 제도화할 것을 주장했다. 또한 인간은 조직을 이루며 살 수밖에 없다고 말한 바 있다. 하지만 인간의 욕심은 무한한 반면 재물은 충분하지 않기에 다툼이 생긴다. 다툼을 없애고 함께 잘 살 수 있도록 하는 강제 조치가 필요하다. 순자는 이를 위해 '예'를 제안한다. 순자는 예가 없다면 인간은 동물과 다를 바 없다고 한다. 예는 사회의 질서를 보장하

는 규제 수단이다.

순자가 살던 시기는 전국시대 말기이다. 따라서 혼란스러운 시대를 평정하고 안정을 가져다 줄 수 있는 강력한 리더십을 요구하기도 했다. 순자는 이러한 지도자를 '후왕'이라고 불렀다. 후왕은 지금 있거나 앞으로 올 군주를 의미한다. 순자는 세습적인 군주제를 원치 않았다. 순자에 따르면 군주는 백성을 위해 존재하며, 백성의 뜻에 역행하는 군주는 혁명을 통해 교체되어야 한다. 순자가 표방하는 혁명은 백성의 의지에 바탕을 두고 있다.

03_강 노자의 생명 중시 사상에 비추어 사형 제도를 생각해 본다면?

case 1 아래 글은 노자의 생명 중시 사상에 관한 것과, 유영철에 대한 사형 선고에 관한 글이다. 제시문을 읽고 사형 제도에 대한 자신의 생각을 서술하시오.

㉠ 백성들이 죽음을 두려워하지 않는다면 어찌 죽임으로써 그들을 두렵게 할 수 있겠는가. 항상 죽이는 일을 맡은 자가 죽여야 할 것이다. 그러나 죽이는 일을 맡은 자를 대신하여 죽이는 경우, 다시 말해 큰 목수를 대신하여 나무를 자르는 경우에는 자기 손을 다치지 않는 자가 드물다.

여기서 죽이는 일을 맡은 자는 천도를 의미하고, 죽이는 일을 맡은 자를 대신하여 죽이는 자는 당시의 통치자를 가리킨다. 천지 만물을 살리고 죽이는 것은 천도이다. 만약 통치자가 천도의 일을 대신 맡고서 사람을 죽인다면, 서투른 목수가 큰 목수를 대신하여 나무를 자르다 자기 손을 다치는 경우처럼 대가를 치르게 될 것이다.

㉡ 서울중앙지법 형사합의 21부는 13일 노인과 여성 21명을 살해하고, 사체를 토막 내 암매장한 혐의(살인) 등으로 구속 기소된 유영철(34)에게 법정 최고형인 사형을 선고하고 범행 도구를 몰수했다.

유영철은 일주일의 항소기간이 끝나기 전에는 항소를 포기할 수 없지만, 항소하지 않은 채 항소기간이 지나면 사형이 확정된다. 재판부는 21명을 살해했다는 유영철의 공소사실 가운데 20명에 대한 살해는 유죄로 인정했지만, 이문동 살인 사건 부분과 사우나 절도 사건은 증거가 부족하다는 이유로 무죄를 선고했다.

재판부는 '피고인이 경찰과 검찰 조사, 그리고 1차 공판까지는 이문동 사건을 시인했지만 그 이후로는 계속 부인했는데, 앞선 진술들이 객관적 사실과 차이가 있고 진술 내용도 수사관에 따라 달라지는 등 믿기 어렵다'고 전제하고, '그 외에 이 사건을 유죄로 인정할 만한 객관적 증거가 부족하다'고 밝혔다. 재판부는 유영철이 창천동 사우나에서 현금과 상품권 등을 훔쳤다는 공소사실에 대해서도 '범행 2시간 뒤 피고인이 사우나를 나가는 것을 보고 범인으로 지목했다는 목격자 진술은 착오에 의한 것이라는 의심이 들고, 피고인이 사우나 관리실에 30만 원을 맡기고 들어갔던 점 등을 보면 절도 혐의 역시 유죄로 인정하기 어렵다'고 덧붙였다.

재판부는 '이 사건은 20명에 이르는 피해자가 대부분 노약자나 여성들로, 우리나라 범죄 사상 유례를 찾기 힘든 무거운 범죄'라고 전제하고 '피고인의 범행 동기와 수법, 범행 후 사체 처리 등 일련의 과정에서 드러난 반사회적 행위가 유족들에게 준 고통과 사회에 안긴 충격 등을 감안하면, 비록 피고인이 마지막 공판에서 유족들에게 사과를 했다고 해도 중형을 선고하지 않을 수 없다'고 밝혔다.

– '이문동 살인 사건' 증거 부족 무죄 기사 참고

생각 쓰기

04 강 노자가 주장하는 겸허한 삶에 비추어 오늘날의 한탕주의와 도박 중독 문제를 비판해 본다면?

case 1 노자는 겸허하고 소박한 삶을 살아야 한다고 주장했다. 그러나 오늘날 우리 사회에서는 한탕주의가 만연해 있고, 그 결과 온 나라가 도박 천국이 되는 현상마저 나타나고 있다. 노자 사상을 근거로 해서 현대인들의 한탕주의와 도박 중독증을 비판하시오.

가 노자는 세상 만물의 근원인 도의 모습을 물에 비유했다. 물은 부드럽지만 물방울이 오래도록 한곳에 떨어지면 바위를 뚫기도 한다. 물은 약하고 부드럽지만 가장 낮은 데로 향하며 어디에나 쉽게 스며드는 성질이 있다. 그러나 만물의 근원인 물은 만물에 간섭하지 않고 명령하지도 않으며, 무위자연의 도를 이해하는 데 도움이 된다.

물은 부드럽고, 약하고, 자신을 낮추고, 남에게 스며드는 성질을 갖고 있기 때문에 강도 되고 거대한 바다도 된다. 그와 마찬가지로 사람들도 너그럽고 평안한 마음을 가질 수 있다면 자신의 마음을 다스리는 너그러운 사람이 될 것이라고 노자는 주장한다. 노자는 사람들이 마음을 넓히려고 노력하면 누구나 물처럼 큰마음을 가질 수 있다고 한다.

겸허한 사람은 나와 생각이 다른 사람들의 생각을 일단 받아들이기 때문에 마음이 큰 사람이라고 할 수 있다. 이렇게 큰마음을 가지면 자신의 생각이 짧았던 것도 알게 되고, 남에 대한 미움의 감정도 차차 사라진다.

❹ '바다이야기'라는 성인 오락실 파문이 일면서 중독이라는 독특한 정신적 현상까지도 덩달아 국민들의 주목을 끌고 있다. 중독이라는 측면에서 바라보았을 때, 우리 사회에 만연해 있는 각종 사행성 게임과 도박, 그리고 기호품이라고 할 수 있는 담배와 술까지 포함한다면 중독이 사회에 미치는 폐해는 이루 다 거론할 수 없을 만큼 다양하고 심각하다.

중독이란, 어떤 자극에 집착해 그 자극 없이는 정신적인 안정을 찾지 못하고, 급기야는 더 큰 쾌감을 얻기 위해 점점 더 많은 양의 자극을 필요로 하는 상태를 말한다. 결국 중독 상태에 빠지면 자신의 삶에 대한 통제력을 상실하게 되는 것이다.

우리 사회에 이처럼 심각한 정신적 중독이 만연해 있는 이유는 무엇일까. 근래에 이르러 유아들에게까지도 피해를 입히고 있는 중독 현상을 분석해 보면 보다 명확하게 문제의 핵심을 파악할 수 있다. 몇 해 전부터 조기교육 열풍이 불어, 최근에는 아직 돌도 지나지 않은 영아들에게까지 영어 비디오를 보여 주는 가정이 대단히 많다고 한다.

그 결과 잠자는 시간을 제외한 모든 시간을 비디오만 보고 있는 아이들이 생기게 되었다. 뇌 성장이 가장 활발하게 일어나는 유아기에 비디오 없이는 못 살 정도로 중독이 되면, 결국은 언어와 사회성 발달에 심각한 장애를 보이게 된다고 한다.

오늘날 우리 사회는 경제적 성장을 이루는 데만 급급한 나머지, 겉으로 드러나 보이지 않는 내면적 가치를 지키려는 노력이 몹시 부족하다. 그 결과 '남보다 뛰어난 사람이 되거나, 부자가 될 수만 있다면 무엇이든지 한다' 는 생각을 무의식으로 갖게 되었다.

이러한 집단적 무의식이 항상 돈을 벌거나 가시적인 성과를 보일 수 있는 경우에만 제대로 보상이 돌아가는 사회 제도를 만들어 내게 되었다. 그래서 당장 눈에 보이지 않는 가치들에는 어떠한 실질적 보상도 제도적으로 보장되지 않고 있다.

'바다이야기' 의 부작용 역시 같은 맥락에서 해석할 수 있다. 즉 자기를 보호할 능력이 부족한 사람들에게 중독성이 강한 자극을 제공하고, 거기서 발생하는 엄청난 이윤을 챙기는 업체와 그 업체들과 연관성이 의심되는, 소위 권력을 가진 사람들이 존재하는 사회 구조인 것이다.

가시적으로 보이지 않는 가치들이야말로 우리 삶의 질과 깊은 관련이 있는 참된 가치들이다. 개인의 행복과 삶의 질이란 측면에서의 보상이 사회 문화적, 경제적, 제도적으로 보장되지 않는 사회는 더 이상 발전하기가 어렵다. 더 이상 눈앞에 보이는 경제적 이윤 창출이라는 이유를 내세워 사행성 사업을 인정하고 사회적 약자를 중독에 빠지게 하는 일은 없어져야 한다.

– 신문 칼럼 참고

생각 쓰기

노자의 무위자연 사상에 비추어 환경 파괴 문제를 생각해 본다면?

case 1 아래 글 **나**와 **다**는 현대의 심각한 환경 파괴 문제를 다루고 있다. 글 **가**에서 논의되는 노자의 '무위자연' 사상에 근거해서 환경 문제에 대한 해결책을 제시하시오.

가　사람들은 무언가를 만들면 그것이 당연히 자기 것이라고 주장하고 자기 뜻대로 좌우하려고 든다. 하지만 '도' 는 어떤 의도나 목적을 갖고 사물을 만들려고 하지 않으며, 자신이 만든 사물에 간섭하거나 지배하려고 들지도 않는다.

'도가 만물을 주재(主宰)하지 않는다' 는 노자의 주장은 당시 중국 사상계의 분위기를 고려할 때 혁명적인 의미를 갖는 것이었다. 중국 고대에는 하늘에 있는 상제(上帝)가 이 세상을 지배한다는 인격 천(天) 개념이 있었다.

그러나 노자는 지배자들이 이런 천(天)의 개념을 이용해 백성을 억압한다고 생각하고 주재자(主宰者)로서의 천(天)이란 사상을 부정했다. 그리고 노자는 '사람은 땅을 본받고, 땅은 하늘을 본받고, 하늘은 도를 본받으며, 도는 자연을 본받는다' 는 말로 무위자연의 이치를 설명하였다.

노자는 억지로 하는 일과 꾸며서 하는 일 등을 '인위' 라고 비판하면서 사람들에게 '무위' 의 사상을 말하였다. '무위' 란 꾸밈없고 자연스러운 행위를 의미한다.

하지만 노자는 이를 자연스러운 행위라고 말하거나 정의하지는 않았다. 어떤 것을 정의하면 이미 인위가 개입되는 것이고 자연스럽지 못한 것이 되기 때문이다. 그렇다면 노자는 어떻게 해야 자연스러운 삶을 살 수 있다고 했는가?

나 전 세계는 최근 50년간 지속적인 기상 이변에 시달리고 있다. 2003년 유럽의 살인적인 더위에 이어 2004년 12월 인도네시아에서 발생한 쓰나미는 20세기 이후 세계 32대 재앙으로 기록될 정도였다. 무려 23만 명이 사망했으며, 107억 달러의 손실을 가져왔다. 2005년 8월에는 태풍 카트리나가 미국 뉴올리언스를 강타하여 1,000명이 사망하기도 했다.

우리나라의 경우도 예외는 아니었다. 2003년 9월, 태풍 매미로 113명이 사망하고 4조 원에 달하는 피해를 입었다. 그리고 2006년 4월에는 중국의 황사로 서울의 대기 내 중금속 농도가 12배나 증가하였으며, 이것 때문에 호흡기 질환을 비롯한 각종 질병이 국민의 건강을 위협했다.

2006년 여름, 전 세계에 또다시 기록적인 기상 이변이 발생할 것인지, 그 장소는 어디가 될 것인지 아무도 예측하지 못하고 있다는 것이 기상 이변의 공포를 더욱 크게 하는 원인이 되고 있다.

다 온실 가스의 증가로 지구 온난화는 지구 환경의 변화를 가져옴으로써 범지구적 차원의 환경 문제라고 할 수 있다. 그러나 지구 온난화에 대응하기 위한 기후변화협약에서는 나라별로 온실 가스 배출량을 줄일 것을 요구한다. 이것은 직접적으로 에너지 소비와 공급에 영향을 끼치는 것은 물론, 결국 가계와 기업 등 모든 에너지 소비자의 경제 활동에 변화를 가져온다. 따라서 이것은 환경 문제일 뿐만 아니라 경제 문제이기도 하다. 특히 우리나라는 온실 가스 증가율이 세계 1위이다. 따라서 기후변화협약 때문에 우리나라의 경제 발전에 심각한 문제가 발생할 것으로 전망되고 있다.

1 오존층이란

오존(O3)은 산소 원자 3개로 이루어진 기체로, 강한 산화력을 갖고 있기 때문에 살균제, 표백제, 소포제 등으로 사용되기도 한다. 그러나 대기 중의 농도가 0.5ppm을 넘어서 화학작용을 하기 때문에 생체에 해롭다.

오존층이란 성층권 내부에 있는, 오존 농도가 높은 대기의 층을 가리킨다. 대류권에 있는 오존은 식물과 동물에 독성이 강한 오염 물질이지만, 성층권에 있는 오존은 지구 생물계의 존속에 불가결한 기능을 한다.

즉, 오존은 생체에 해를 끼치는 자외선을 흡수하여 생태계를 보호하고, 또 태양에너지를 흡수하여 성층권을 따뜻하게 하는 등, 생물이 살 수 있는 현재의 기후 상태를 유지하는 데 중요한 역할을 하고 있다.

2 오존층 피괴 실대

오존층 파괴는 세계적으로 확산되고 있는 실정이다. 현재 이 현상은 열대 지역을 제외한 지구상의 대부분의 지역에서 나타나고 있으며, 발생 시기도 가을을 제외한 모든 계절에 걸치고 있다. 물론 오존층 파괴는 주로 남극과 북극 지역에서 심각한 현상을 보이고 있으며, 우리나라와 같은 중위도 지역에서는 아직까지 큰 피해가 없다고 한다.

하지만 세계기상기구는 남극 상공의 오존층 파괴가 빠른 속도로 진행되고 있고 이미 오존층의 구멍 크기가 유럽 대륙의 두 배에 달한다고 발표한 바 있어서 우리나라에도 조만간 피해 현상이 나타날 것으로 예측된다.

3 오존층 파괴에 의한 생태계 피해

자외선은 햇빛에서 나오는 방사 물질의 일종으로 생체 조직에 굉장히 위협적인 영향을 미친다. 그러나 자외선의 대부분은 성층권에 있는 오존층에 의해 흡수되고 걸러져서 우리 인간은 자외선에 의한 피해를 거의 입지 않고 지낸다. 만약 오존층이 없다면 생물학적 피해는 절망적인 수준에 달할 것이다. 요컨대 오존층의 보호가 없다면 지상에서 생명체의 존속이 불가능해진다는 얘기이다.

4 오존층 파괴를 막기 위한 세계의 움직임

인류는 1972년부터 국제적인 노력을 기울인 결과, 1987년 9월 〈오존층을 파괴하는 물질에 관한 몬트리올 의정서〉를 채택했다. 여기서는 오존 파괴를 유발하는 프레온 가스의 소비량을 단계적으로 감축하고, 2000년 이후부터는 생산 및 사용을 금지하기로 결정했다. 그 후 인류는 오존층 보전을 위한 공동의 노력을 계속해 오고 있다.

아비투어 철학 논술

예시 답안

case 1

① 노자는 춘추시대 말기 초나라 사람이다.

② 노자는 주나라의 장서실 관리인으로 일했다.

③ 노자는 주나라가 쇠퇴하자 관리직에서 은퇴하고 서쪽 지방으로 떠났다.

④ 《도덕경》은 관문지기의 요청으로 쓴 책이며 도가 사상의 효시가 되었다.

⑤ 사마천에 따르면, 노자의 생애에 관해 알려진 것이 별로 없는 이유는 그가 은둔해서 살았기 때문이라고 한다.

case 1

글 ㉮는 노자의 '무위자연' 사상과 '도' 사상에 관한 것이다. 노자는 세상이 대도를 이루지 못하면 인을 필요로 하고, 그에 따라 인위적 제도가 생겨난다고 말했다. 하지만 사람들이 자연의 이치에 따라 검소하고 겸손하게 산다면 모든 제약이 필요 없는 것이 노자의 생각이다. 이 때문에 그는 사람들이 '도'를 알고 '무위자연' 하게 사는 것이 중요하다고 보았다.

글 ㉯는 순자의 '예치' 사상에 관해 설명한 글이다. 순자는 사람들의 마음은 이익에 약하므로 예로써 다스려야 한다고 하였다. 예가 없으면 사회는 시간이 흐를수록 걷잡을 수 없는 혼란에 빠지게 된다는 것이다. 그래서 그는 철저한 공리주의적 관점에서 예를 강조했고, 사회 기강을 잡아서 사람들의 마음을 개선하려 하였다.

주 제 탐 구 03강 노자의 생명 중시 사상에 비추어 사형 제도를 생각해 본다면?

case 1 글 ⓐ는 희대의 살인마 유영철의 사형 선고에 관한 기사이다. 이 기사에 따르면, 재판부는 사람을 무차별적으로 살해한 유영철의 죄는 사형을 받아 마땅하다는 주장을 하고 있다. 재판부의 입장처럼 여러 사람을 잔혹하게 살해한 유영철의 죄는 천벌을 받아 마땅하다. 유영철의 죄는 하늘의 뜻을 거스른 것이기 때문이다.

그러나 이런 유영철을 사형시킨다면, 이는 유영철이 저지른 죄에 대해 동일한 죄로 값하는 것이 된다. 다시 말해, 사형 제도 역시 엄격한 의미에서는 하늘의 뜻을 거스르는 행위가 된다는 것이다.

여기서 우리는 글 ⓐ에서 다루는 노자의 생명 중시 사상에 주목할 필요가 있다. 노자는 아무리 잘못을 저질렀다 해도 생명은 하늘만 거둘 수 있는 것인데, 사람이 사람을 처단한다면 이는 작은 목수가 하늘을 대신해서 나무를 베는 것과 같다고 하였다. 노자는 이런 경우 작은 목수는 손을 베일 수도 있다고 경고하고 있다. 다시 말해 천벌은 하늘이 내리는 벌이므로, 인간이 하늘을 대신해서 벌을 내리는 것은 잘못된 것이라고 생각했다.

  노자가 주장하는 겸허한 삶에 비추어 오늘날의 한탕주의와 도박
중독 문제를 비판해 본다면?

case 1 글 ⓘ는 요즘 한참 논란이 되고 있는 오락 중독에 관한 글이다. 사행성 오락 게임이 정부의 상품권 발행 허가로 한참 동안 기승을 부리다가 마침내 검찰에 의해 덜미를 붙잡혔다. 이 사건에서 밝혀진 것은 대박의 허황된 꿈을 버리지 못하고 도박에 달려들었다가 패가망신한 사람들이 부지기수라는 사실이다.

결국 물질적 부만을 중요시하는 가치관이 이런 중독과 타락을 몰고 왔다고 볼 수 있다. 우리가 노자의 '무위자연' 의 가르침대로만 살 수 있다면 이런 문제는 사라질 것이다.

글 ㉠는 바로 그러한 '무위자연' 사상이 무엇인지를 쉽게 풀어 설명해 준다. 노자는 우리가 자연 속의 물이 낮은 곳으로 흐르는 것처럼 자신을 낮추고 검약한 생활을 해야 한다고 말했다. 그렇게 살면 욕심도 없어지고 마음의 평정을 찾을 수 있다는 것이다.

  노자의 무위자연 사상에 비추어 환경 파괴 문제를 생각해 본다면?

case 1 우리나라는 온실 가스 증가율이 세계 1위일 정도로 환경 문제가 심각하다고 한다. 하지만 규제를 너무 강화시킬 경우에 경제 발전에 지장이 있을 것

이라는 우려도 만만치 않게 제기되고 있다. 환경 문제는 경제 발전의 필연적 부산물로 감수하는 것밖에는 다른 도리가 없다는 의견도 있다. 하지만 경제 발전을 우선시하는 이런 생각은 사태의 심각성을 제대로 파악하지 못한 것이리라.

글 ㉯에서 설명하고 있는 것처럼 오늘날 전 세계의 환경 파괴는 기록적인 기상 이변을 가져올 정도로 심각한 수준이다. 이런 기상 이변의 예로는 여러 대규모 태풍과 미국 뉴올리언스의 홍수 등을 들 수 있다.

노자의 무위자연 사상은 우리가 자연과 더불어 어떻게 살아야 할지를 가르쳐 주고 있다. 그에 따르면, 인간은 자연의 흐름에 역행하지 않고 자연의 이치에 순응하는 삶을 살아야 한다. 자연을 거스르는 '인위' 는 바람직하지 않은 결과를 가져올 수밖에 없다는 것이다.

글 ㉰에 나오는 예는 인간이 자연에 대한 파괴를 줄이려 하는 노력을 보여 준다는 점에서 고무적이다. 세계는 온실 가스 문제로 지구 온난화에 대비하기 위해서 기후변화협약을 맺고, 나라별로 온실 가스 배출량을 줄이기로 합의한 것은 인위적 노력이지만 노자의 무위자연으로 돌아가려는 인위라는 점에서 긍정적으로 보아야 할 것이다.

철학자가 들려주는 철학이야기 038

쇼펜하우어가 들려주는 의지 이야기

저자_최지윤
고려대학교 철학과 박사 과정을 수료하였고, 어린이철학연구소 강사 및 교재 집필을 했으며, 현재 대진대학교에 출강하고 있다.

쇼펜하우어의 '의지'

쇼펜하우어의 '의지'

1 근거율

근거율이란 모든 것에는 다른 모습이나 다른 방식이 아니라, 바로 그렇게 그것이 존재해야 하는 충분한 이유가 있다는 뜻이다. 모든 사건에는 원인이 있고 모든 행위에는 동기가 있듯이 말이다. 이 법칙은 어떤 예외도 허용하지 않는 듯하다. 달리 말하면 아무 이유 없이 그곳에 존재하고 있는 것은 아무 것도 없다는 것이다.

이 세계에 놓인 사물들은 모두 나름대로 존재 이유를 가지고 있다. 예를 들어 우리 주변에 놓인 책상이나 의자 등을 보자. 이들 중 그 어떤 것도 그저 있는 것은 없다. 그것들 모두는 뚜렷하게 규정되는 내적인, 외적인 속성(성질)을 가지고 있고 모두 일정한 장소에 있으며 다른 대상과 일정한 거리를 두고 놓여 있다. 그리고 그 자신만의 과거와 미래를 가지고 있다.

2 현상과 물자체

사물들은 '우리'에게 원래 모습 그대로 드러나는 것이 아니라 '나'에게 그렇게 드러난다. 즉 사물은 나에게 현상적으로 드러난다는 말이다. 예를 들어 내 앞에 놓인 책상은 '갈색임, 딱딱함' 등의 현상적 속성을 갖고 있다고 판단하는 경우를 살펴보자.

내 앞의 책상을 바라보는 조건이 정상적인 조건과 달랐고, 즉 파란 불빛 아래서 보았거나 나의 시력이 무척 나빴다고 해 보자. 그리고 이렇게 시각 조건이 달라졌다는 사실조차 내가 모른다고 가정해 보자. 이 경우 나는 책상을 원래 모습이 아닌 다른 모습으로 판단한 것이다.

또 '세계를 구성할 수 있고, 알 수 있는 능력'(인식적 조건)이 우리와 다르기 때문에 하루살이나 고양이가 보는 세계의 모습은 우리가 보는 세계의 모습과 다르다. 따라서 우리가 여기서 알 수 있는 것은, 우리가 인간으로서의 인식적 조건하에 있는 한 우리는 오직 우리에게 보이는 현상만을 볼 뿐이라는 것이다. 즉 모든 사물은 우리 인간이 볼 수 있는 대로 즉 시간과 공간적 제한을 받고 인과법칙의 지배를 받는 것으로 드러나는 것이지 세계 그 자체가 어떠한지 우리는 알 수 없다는 말이다.

우리가 알 수 있는 것은 고작 세계가 우리에게 어떠어떠하게 보인다는 것이고, 실제 세계는 우리에게 보이는 것과는 틀림없이 다를 것이라는 사실이다. 이러한 세계의 본질을 칸트는 '물자체'라고 불렀다. 쇼펜하우어는 '물자체'와 현상 간의 근본적인 차이점을 주장한 칸트의 주장을 받아들이지만 이를 변형시킨다.

③ 세계의 배후에 놓인 의지

쇼펜하우어는 '물자체'와 '현상' 간의 근본적인 차이성을 주장한 칸트의 주장을 받아들이면서도 현상의 배후에 놓인, 우리가 직접 알 수 없는 세계를 더 분명하게 규정할 수 있다고 본다. 그것이 바로 '의지'이다.

우리는 우리 자신을 신체로서만이 아니라 신체 안에 대상으로 다시 나타나게 되어 있는 의지로서도 경험하고, 이 경험은 우리가 소유하고 있는 현상들의 내적인 본질을 엿볼 수 있게 하는 유일한 열쇠가 된다. 즉 우리는 신체 경험을 통해 현상들의 배후 세계의 본질인 의지를 파악할 기회를 갖게 된다는 것이다.

❹ 삶에의 의지

의지는 인간의 본질일 뿐만 아니라 생물과 무생물의 본질이기도 하다. 예를 들어 행성들 간의 서로 당기는 힘이나 사람들끼리 서로 끌어당기는 사랑도 모두 의지의 결과이다. 모든 존재는 자신의 존재를 유지하고 지속시키고자 하는 힘이 있는데, 이러한 삶에의 의지는 마치 모든 사물 안에 흐르는 에너지와 같은 것이다.

신체를 갖고 살아가는 인간이 몸의 욕구인 식욕, 성욕, 수면욕과 같은 욕구를 갖는 것은 모두 살려고 하는 의지가 작동하기 때문이다. 살려는 욕망을 갖게 되면 인간은 더 이상 합리적으로 행위하기 어렵다.

❺ 금욕과 해탈

사람은 이성과 의지를 가지고 있다. 우리가 실제로 이성적으로 사고하고 합리적으로 행위한다고 생각하지만 실제로 모든 것은 맹목적인 의지의 작동 결과이다. 맹목적인 의지로 살아가는 인간의 삶은 고통으로 가득 차 있다.

인간은 결핍된 존재들이고 우리가 사는 동안 우리는 욕망을 충족시키고자 하면서 결핍과 약탈을 경험하도록 태어났다. 따라서 쇼펜하우어에게 있어 우리 삶이란 근본적으로 피할 수 없는 고뇌의 바다이다. 이러한 고뇌로부터 벗어나기 위해서는 모든 근거율로부터 무관하게 삶을 바라보는 관조의 방식이 필요하다.

그런데 일체의 고통에서 벗어나는 길은 의지로부터 자유로워지는 길인데 자살은 의지 자체를 제거하는 방법이 될 수 없으므로 답이 될 수 없다. 의지로부터 자유로워진다는 것은 일체의 고통에서 벗어나 하나의 밝은 눈, 세계를 투명하게 바라보는 하나의 눈이 된다는 것이 어떠한 것인지를 경험하는 것이다.

예술은 잠시나마 이러한 상태에 이르게 해 준다. 아름다운 작품을 경험하면서 일체의 고통으로부터 벗어나 순수한 시선으로 세계를 바라보게 해 주지만 그 시간은 너무나 짧다. 따라서 쇼펜하우어는 진정으로 자유로워지는 길을 불교에서처럼 금욕을 통한 윤리적인 해탈에서 구하고자 한다.

01강 삶의 본질은 무엇인가?

가 "야, 이것 봐~. 매미다!"

매미가 맴맴 울어 대는 것만큼이나 매미를 잡은 인수의 목소리도 쩌렁쩌렁 만만치가 않습니다. 현호가 호기심 있게 바라봅니다.

"야, 너 어떻게 잡았어? 매미 색깔이랑 나무 색깔이랑 비슷해서 잡기 힘든데."

역시 곤충에 관심이 많은 현호가 제일 부러워합니다. 반면에 동준이는 매미가 징그러운 모양이에요.

"으, 매미 놔 줘. 불쌍하다."

"놔 주기는! 이것 봐봐."

인수는 정말 천진난만하게 매미의 다리를 하나 뜯어 내고 있어요! 현호가 크게 놀라 소리칩니다. 매미는 맴맴 거리면서 발버둥을 칩니다.

"야! 너 지금 뭐하는 거야!! 왜 다리를 부러뜨려?"

"다리 없이 나무에 붙어 있나 보려고. 재미있잖아!"

"재밌어? 이게 재밌냐?"

현호는 정말 얼굴이 새빨개진 채로 씩씩거립니다. 반장이 되고 나서는 반에서 으레 아이들의 싸움을 보고 또 말려 왔던 동준이가 분위기가 심상찮음을 눈치 챕니다.

"현호야, 됐어. 참아. 인수, 넌 그만 매미 놔 줘."

현호가 재빨리 인수에게서 매미를 가져왔지만, 다리를 떼어 낸 매미는 이미 죽어 버린 후였습니다.

❹ 더운 날씨에 아이스크림이 녹아 떨어지기 시작했고 달콤한 냄새를 맡은 개미들이 모여들기 시작했습니다.

그러자 갑자기 말이 없어집니다.

세 명의 머릿속에 동시에 그동안 장난으로 개미를 죽이며 즐거워했던 기억이 떠올랐기 때문입니다. 그러면서 인수가 죽였던 매미의 모습도 떠오릅니다.

동준이는 말없이 아이스크림을 먹다가,

"갑자기 이런 생각이 들었어요. 무릎을 조금 다친 인수도 이렇게 아파하는데 그 때 그 매미는 얼마나 아팠을까 하는 생각을요. 물론 인수를 탓하려고 하는 건 아니지만 그래도 그 매미를 생각하면……."

"저도 너무 미안해요."

"저도요."

아이스크림을 맛있게 먹던 삼총사가 고개를 떨어뜨리면서 작은 목소리로 중얼거립니다.

"매미는 죽어 가면서 얼마나 아팠을까요."

순간 삼총사와 삼촌 모두 숙연해졌습니다. 자기 잘못을 스스로 뉘우치는 인수가 좀 더 어른스러워진 것 같습니다.

– 《쇼펜하우어가 들려주는 의지 이야기》 중에서

생각 쓰기

"쾌락과 고통……. 쉬운 것 같으면서도 어려운 말 같아요."

현호도 쾌락과 고통이 무엇인지 아리송했는데, 동준이와 현호의 마음이 통했나 봐요.

"너희들 같이 학원가기 전에 게임한 적 많지?"

"네."

"학원 갈 시간이 되면 컴퓨터 게임을 더 하고 싶어지지 않았니?"

"당연히 게임을 더 하고 싶죠."

"그래, 그 컴퓨터 게임을 하는 순간이 쾌락이고, 그걸 더 하고 싶고, 더 즐기고 싶은 느낌이 바로 쾌락을 추구하는 욕망이란다."

삼총사들은 동시에 고개를 끄덕입니다.

"그런데 얘들아, 너희들 학원 수업을 빼먹고 게임을 실컷 한 적이 있니?"

"아니요, 그랬다간 엄마한테 정말 혼나요. 학원 공부도 따라가기 힘들고요."

"그래, 게임을 계속 하는 쾌락을 원하고, 학원에 가야만 하는 고통을 피하고 싶지만 그 소망이 이루어지긴 쉽지 않지? 그렇게 고통은 지속되는 거란다. 너희들일뿐만이 아니라, 세상에는 그런 경우가 아주 흔하기 때문에 쇼펜하우어는 세상이 고통과 고난으로 가득 찼다고 이야기한 거야."

"쾌락이라는 건 끝이 없나 봐요."

동준이가 무언가 알겠다는 듯 똘망똘망한 눈으로 외삼촌을 쳐다봅니다.

"그래, 동준이 말이 맞아. 하나의 쾌락이 실현되면 더 새로운 쾌락을 맛보고 싶은 욕망이 생겨나기 때문이지. 그래서 사람의 욕심에는 한이 없다고 말하는 거야. 가끔 지나친 욕심 때문에 판단을 잘못하여 서로 싸움이 생기기도 하고."

"그렇다면 쾌락을 추구하는 건 안 좋은 거네요?"

"글쎄, 사람의 본성상 쾌락은 억제할 수는 있어도 아예 생각하지 않을 수는 없단다. 문제는 고통과 쾌락이 동시에 있으면 고통이 쾌락보다 더 강력해진다는 거야. 사람은 고통부터 먼저 느끼니까. 건강도 마찬가지지. 아파 봐야 그 소중함을 알게 되잖니."

인수는 진심으로 공감이 간다는 표정이에요.

"정말 맞아요. 아까도 무릎이 너무 아프니까, 예전에 건강할 때가 정말 좋았구나, 하는 생각이 들더라고요."

"그래, 하지만 인수의 무릎이 다 나으면 모든 종류의 고통이 다 사라지는 것일까? 그건 아니지. 하나의 근심이 없어지면 다른 근심이 생겨난단다. 건강을 되찾으면 미루어 놓은 일들을 해야 하고, 어려운 일을 해결하고 나면 또 다른 일이 생기지. 인수의 무릎이 나으면 서울에 올라가서 또 많은 숙제들을 해결해야 하는 것처럼, 늘 다른 고통이 우리를 기다리고 있기 때문에 삶은 고통의 연속인 거야."

— 《쇼펜하우어가 들려주는 의지 이야기》 중에서

생각 쓰기

사실1: 물이 반쯤 담긴 컵이 있다.

염세주의자: "컵에 물이 반밖에 안 남았네."

낙천주의자: "컵에 물이 반이나 있네."

사실2: 밖에 비가 오고 있다.

염세주의자: "비가 와서 땅이 질척거려서 힘들겠군."

낙천주의자: "비가 와서 먼지가 가라앉아 좋겠는데?"

사실3: 인간은 모두 죽을 운명이다.

염세주의자: "죽을 운명에 처한 인간 현실이 고통스럽군."

낙천주의자: "살아 있는 것이 기뻐."

사실4: 아침에 눈을 떠서 새로운 하루를 맞이한다.

염세주의자: "오늘은 내일 자살하는 사람이 그렇게 살기 싫어했던 하루이다."

낙천주의자: "오늘은 어제 죽은 사람이 그토록 원하던 내일이다."

생각 쓰기

1 이기주의

이기주의는 자신의 이익을 타인의 이익보다 우선시하는 태도이다. 인간의
본성이 심리적으로 이기적이라고 말하는 것(심리적 이기주의)과 인간은 자신의
이익을 위해 살아가야만 한다는 주장(윤리적 이기주의)은 구분된다. 여기서는
인간의 심리가 본래 이기적이라는 사실을 말하는 정도로 이해하면 된다.

2 염세주의

삶은 곧 고통이요, 사람은 죽을 때까지 이 고통에서 벗어날 길이 없다고 보
는 태도로, 삶이 주는 쾌락보다 고통에 주목하는 입장이다. 그래서 염세주의는
삶을 싫어하고 그 의미를 부정하여 자살을 부추길 수 있다. 이 세상은 악이 지
배하고 있고 사람이 사는 동안은 이를 없앨 수 없으며 따라서 인생은 살 가치
가 없다고 주장한다.

3 낙천주의

염세주의나 낙천주의는 모두 세계를 바라보는 태도이다. 어떠한 시각과 태
도를 갖고 세계를 마주 대하느냐에 따라 살아가는 방식이 달라질 수 있고 그에

따른 결과도 달라질 수 있을 것이다. 낙천주의는 세계나 인생의 의의와 가치 등을 궁극적으로는 선(善)이라고 보는 입장으로 삶을 고통으로 보는 염세주의와 대립되는 삶의 태도이다. 낙천주의자들은 삶이 주는 고통보다 쾌락에 주목하고 있고 그래서 삶은 살 만한 가치가 있다고 주장한다.

02_강 맹목적 의지의 세계

㉮ 세상의 모든 것들은 생성하고 소멸한다. 만약 태어남이 없다면 죽음도 없을 것이다. 그러나 일단 태어나서 움직이기 시작하면 멈추기를 원하지 않는다. 사람도 마찬가지다. 태어나고 싶어 태어난 것은 아니지만 한 번 태어나면 살고자 바동거리는 맹목적인 '삶에의 의지'를 갖는다.

㉯ 인간은 각기 이 세계에서 개인으로 존재한다. 그리고 인간은 세계를 아는데 있어 철저하게 자신의 신체를 통해서만 알게 되어 있다. 즉 신체에 매개되어 있다. 인간은 자신의 고유한 신체를 인식한다. 예를 들어 눈을 태양으로 향하거나 손으로 들을 움거릴 때 그러하나. 이러한 인간의 신체는 의지의 표현이다.

생각 쓰기

"사람이 잠들면 정신은 쉬지만 의지는 멈추지 않아. 자는 동안에도 숨을 쉬게 하고 혈액을 운반하는 힘이 바로 삶에의 의지라고 할 수 있지. 그런데 너희들 '인간은 이성적 동물이다' 라는 말 아니?"

"네! 우리 누나가 학교에서 배운 걸 얘기하면서 '인간은 이성적 동물' 이라고 얘기했던 게 기억나요. 그래서 제가 누나한테 누나는 동물은 맞는데 이성적인지는 모르겠다고 말했다가 엄청 맞았어요, 히히."

동준이의 말에 삼총사와 삼촌은 신나게 한바탕 웃습니다.

"그래, 예전에 많은 철학자들은 인간의 생각하는 능력을 중시했어. 그래서 인간을 '이성적 동물' 이라고 불렀단다. 인간만이 이성으로 판단과 계산을 하고 언어로 표현을 할 수 있다는 뜻이지. 하지만 쇼펜하우어는 인간과 동물은 겉으로 보기에는 차이가 있지만 그 안은 같다고 생각했어. 왜냐하면 인간에게도 동물과 같은 살려는 의지가 자리 잡고 있기 때문이야. 아까 매미가 살려고 꼼지락거린 것처럼, 인수도 넘어질 때 안 넘어지려고 안간힘을 썼겠지? 그게 바로 삶에의 의지라는 거지."

"그런데 왜 맹목적이라고 하죠?"

"인간에게는 이성과 욕망이 있어. 너희들이 자주 타는 자전거를 예로 들면, 앞으로 나아가고자 하는 바퀴는 욕망이고 그것을 손잡이로 조정하는 것이 곧 이성이란다. 하지만, 너희들이 자전거를 탈 때, 손잡이만 잡으면 자전거가 저절로 앞으로 가니?"

"아니오. 손잡이만 잡고 가만히 있으면 앞으로 가긴커녕 3초도 못 견디고 넘어져요."

며칠 전에 자전거 타는 것을 배웠던 현호가 냉큼 대답합니다.

"그래, 자전거를 탈 때 손잡이를 잡아서 조정하는 것도 중요하지만, 우선 페달을 밟아서 바퀴를 앞으로 밀어주는 힘이 반드시 필요해. 이처럼 이성이 모든 것을 통제하는 것 같지만, 사실은 욕망, 즉 의지가 항상 먼저란다. 자동차를 운전할 때 시동이 먼저고 핸들 조정이 다음인 것처럼 말이야. 인간은 이러한 본능에 쫓겨 맹목적으로 살 뿐이지. 이러한 의지는 '절름발이를 어깨에 메고 가는 힘센 장님' 과 같지. 스스로 볼 수 없으니까 눈의 도움을 필요로 하는 거란다."

마치 컴퓨터 게임을 하는 듯 삼총사는 집중해서 듣고 있습니다. 장난꾸러기 삼총사를 집중시키는 외삼촌의 능력도 정말 대단합니다.

"생각해보니까, 뭔가 하려는 의지가 정말 중요한 거네요. 만약에 아빠가 심부름을 시켰을 때, '가야지' 라는 생각만 하고 걸어가려는 의지가 없다면 결국엔 안 가게 되는 거잖아요."

"그래, 맞아. 이처럼 이성을 중시했던 이전의 철학자들과는 달리, 쇼펜하우어는 이성보다 더 중요한 것은 정신의 밑에 자리 잡은 거칠고 집요한 생명력, 즉 살려는 의지라고 했어. 그러한 살려는 의지가 신체에 나타나는 것이 욕망이지. 배고픔의 욕망은 입과 위로, 사랑의 욕망은 생식기관으로, 의지, 혹은 행동의 욕망은 신경세포로 나타난단다. 욕망이 만족되면 좋은 감정이, 그렇지 않으면 불쾌감이 생기게 돼. 너희들 지금 배고프지?"

"네! 삼촌 배고파요!!"

삼촌의 질문에 기다렸다는 듯 삼총사는 합창을 합니다.

– 《쇼펜하우어가 들려주는 의지 이야기》 중에서

생각 쓰기

주 요 개 념 및 배 경 지 식

1 목적론적 삶

우리는 왜 태어났으며, 왜 사는가 하는 문제에 대해 합리적으로 답변하고자 할 때 목적론을 제시할 수 있다. 즉 존재하는 모든 것에는 존재 이유가 있다고 보는 입장이다.

이를 삶에 적용하면 그냥 사는 것이 아니라 어떤 목적을 추구하고 이를 달성하는 삶을 살아야 한다는 윤리적 입장이 도출될 수 있다. 이러한 목적론적인 삶의 태도의 예로 '신의 기쁨을 위해 인간은 기획되었으며 신의 영광을 실현하기 위해 살아가는 것이다' 라는 기독교적 목적론을 들 수 있다.

2 수단과 목적

어떤 행위를 함에 있어 그 행위를 하게 하는 동기와 과정을 목적과 수단의 관계로 파악할 수 있다. 수단은 어떤 목적을 달성하기 위한 방법이고, 이룩하거나 도달하고자 하는 목표나 방향이 목적이라고 할 수 있다. 우리가 무엇인가 되고자 하고 바라는 것들이 단지 수단에 불과한 것인가, 아니면 그 자체로 목적이 될 수 있는 것인가에 대해 생각해 보도록 하자.

03강 고통에서 벗어나는 길은 무엇인가?

 삶이 고통스러운 이유는 인간이 죽을 수밖에 없는 운명을 타고났기 때문이다. 죽음에 대한 공포가 고통의 근원이라면 이를 벗어나는 길은 없을까? 다음의 제시글을 살펴보고 시지프스의 형벌과 죽을 수밖에 없는 인간의 운명을 비교하여 이에 대한 여러분의 생각을 서술해 보시오.

바람의 신인 아이올로스와 그리스인의 시조인 헬렌 사이에서 태어난 시지프스는 제우스의 눈 밖에 나게 되었다. 그래서 죽음의 신 타나토스의 손에 끌려, 거기서 영원히 명계(저승)에 있는 높은 바위산에서 그 기슭에 있는 큰 바위를 산꼭대기까지 밀어 올리는 형벌을 받게 된다.

시지프스 신화를 살펴보면 거기에서는 거대한 바위를 들어 올리지만 다시 굴러 떨어지는, 그리하여 수백 번 되풀이하여 올리려는 긴장된 육체의 노력만이 보일 뿐이다.

하늘이 없는 공간과 깊이 없는 시간으로 측정되는 이 긴 노력 끝에 목표는 달성된다. 그때 시지프스는 돌이 순식간에 하계(下界)로 또 다시 굴러 떨어지는 것을 보며, 다시 돌을 산꼭대기로 밀어올려야만 한다. 그는 다시 들로 내려간다.

사람들은 흔히 쇼펜하우어가 염세주의자이고 자살을 부추긴 사람이라는 말을 한다. 그러나 쇼펜하우어는 자살을 옹호하지 않았다. 맹목적인 삶에의 의지에 의해 살아가는 인간이 자유를 얻고 고통스러운 현실을 극복하는 것은 결국 삶에의 의지를 극복하는 것이라고 할 수 있다.

그런데 자살이라는 것은 삶 자체를 넘어서는 것이 아니라 삶의 조건에 실망한 것에 불과하다. 경제적인 어려움 때문이든, 삶에 대한 싫증 때문이든, 그런 것이 해결되는 상태가 될 수 있다면 결코 자살할 리가 없을 것이다. 그렇기에 자살은 맹목적인 삶에의 의지를 극복한 것이 아니라 의지에 대한 다른 형태로의 굴복, 그 이상 그 이하도 아니라는 것이다.

그렇다면 악으로 가득 찬 이 세계에 사는 사람들이 맹목적인 삶에의 의지에 굴복하고 사는 한 삶은 끊임없는 고통의 연속이 될 수밖에 없다. 삶에의 의지는 욕구의 지속을 요구하고 이는 고통으로 나타난다.

따라서 사람들이 이 상태에서 벗어나기 위해서는(해탈하기 위해서는) 맹목적인 삶에의 의지를 벗어나야 하고 그러기 위해서는 욕심을 완전히 버리는 무욕의 상태, 모든 충동을 사라지게 하는 상태 혹은 무관심의 상태에 이르러야 한다. 이런 점 때문에 쇼펜하우어는 금욕주의자라고 불리기도 한다.

생각 쓰기

1 시지프스 신화

그리스의 유명한 시인인 호머가 전하는 바에 따르면 시지프스는 '인간 중에서 가장 현명하고 신중한 사람' 이었다고 한다. 시지프스는 신들의 잘못된 행위를 제우스에게 일러바치기도 했는데, 그래서 신들의 편에서 보면 엿듣기 좋아하고, 입이 싸고, 교활할 뿐 아니라, 신들을 우습게 여긴다는 점에서 심히 마뜩잖은 인간으로 일찌감치 낙인 찍혔다.

또한 시지프스는 제우스가 독수리로 둔갑해 요정 아이기나를 납치하자 아버지인 강의 신 아소포스에게 그 장소를 알려주기도 했다. 자신의 잘못을 엿보고 그것을 일러바친 자가 다름 아닌 시지프스임을 알아낸 제우스는 저승의 신 타나토스에게 당장 시지프스를 잡아오라고 명령한다. 하지만, 시지프스는 저승 신 타나토스를 감옥에 가두어 버리고 이에 화가 난 제우스는 전쟁의 신 아레스를 불러 시지프스에게 항복을 받아 낸다.

이후 시지프스는 갖은 꾀와 임기응변으로 벌을 피하고 삶의 기쁨을 누리며 살아간다. 그러나 아무리 현명하고 신중하다 한들 인간이 어찌 신을 이길 수 있었으랴. 마침내 시지프스도 타나토스의 손에 끌려 명계(저승)로 갈 수밖에 없었다.

명계에서는 가혹한 형벌이 그를 기다리고 있었는데, 그것은 다름 아닌 높은 바위산 기슭에 있는 큰 바위를 산꼭대기까지 밀어 올리는 것이었다. 시지프스는 하데스의 명령에 따라 온 힘을 다해 바위를 꼭대기까지 밀어 올렸다. 그러나 바로 그 순간, 바위는 제 무게만큼의 속도로 굴러 떨어져 버렸다. 시지프스는 다시 바위를 밀어 올려야만 했다. 왜냐하면 하데스가 '바위가 늘 그 꼭대기에 있게 하라' 고 명령했기 때문이었다. 그리하여 시지프스는 '하늘이 없는 공간, 측량할 길 없는 시간' 과 싸우면서 영원히 바위를 밀어 올려야만 했다.

2 해탈

불교 용어로, 인간이 세속적인 모든 속박으로부터 벗어나 자유롭게 되는 상태를 말한다. 즉 '나' 라는 인간의 근본적인 아집에서 비롯된 일체의 모든 번뇌, 고뇌로부터의 구원을 말한다. 그런데 이 구원은 타율적으로 신에게서 오는 것이 아니라 인간 내면에 있는 반야(般若)를 증득(證得)함으로써, 즉 지혜를 수양함으로써 얻어지는 깨달음이라는 것이다.

3 금욕

쇼펜하우어는 삶에의 의지란 살고자 하는 충동, 욕망이라고 주장한다. 따라서 삶의 고통의 근원은 이러한 욕망 때문이라고 생각한다. 금욕이란 어떤 목표를 세우고 스스로의 행위를 내부로부터 규제하고 통괄하는 것으로, 자신의 욕구나 충동에 의해 행위하지 않고 이성에 의해 그러한 욕구를 억제하는 것을 말한다.

　예를 들어 식욕, 탐욕, 성욕 등은 모든 고통의 근원이 되기 때문에 아예 욕구를 줄인다면 만족감이나 행복감은 오히려 더 커질 수 있다. 쇼펜하우어는 금욕을 통해 해탈에 도달할 수 있다고 보았다.

아비투어 철학 논술

예시 답안

case 1 매미 다리를 잡아 뜯을 때만 해도 인수는 그것이 왜 잘못인지를 알지 못했지만, 다리를 다친 후 매미에게 한 행동에 대해 뉘우치고 있다. 인수의 태도 변화는 자신이 무릎을 다쳐 아프기 전에는 매미의 고통을 짐작하지 못했지만 자신의 고통을 통해 매미의 고통을 이해했기 때문이다.

이를 통해 우리가 알 수 있는 것은 무엇일까?

이 상황은 매미와 인수와의 관계이지만 인간관계로 확장해 본다면 나와 타인과의 관계라고 할 수 있다. 즉 사람은 각각의 고통을 갖고 있고 개인차가 있기는 해도 분명 고통을 느끼는 존재이다. 각자의 고통을 통해 개인은 타인의 고통을 공감할 수 있는 기반이 마련된다. 즉, 타인의 고통을 이해하고 동정할 수 있게 된다는 것이다.

이런 점에서 쇼펜하우어는 고통을 통한 공감, 타인에 대한 동정심을 통해 타인을 이해하고 이로써 우리의 마음이 넓어진다고 말하고 있다. 쇼펜하우어가 '이기주의는 개인들이 자신의 경험만이 특별하다고 생각하기 때문에 나타난다. 타인을 위한 선행, 사랑, 고결함을 행하는 것은 항상 타인의 고뇌를 누그러뜨리는 것이다. 그래서 이것들을 행해서 훌륭한 행동과 자선으로 나아가게 하는 것은 항상 타인의 고뇌에 대한 앎이다. 이로부터 순수한 사랑은 자신의 본성에 따른 동정심이라고 추론된다' 라고 말하고 있다는 데서도 이를 잘 알 수 있다.

쇼펜하우어는 삶을 고통의 연속이라고 말한다. 왜냐하면 인간은 고통을 피하고 쾌락을 추구하고 싶지만 실제로 쾌락은 잠깐일 뿐이기 때문이며, 한 가지 쾌락이 충족되었다고 해서 인간의 삶이 거기에서 끝나는 것은 아니기 때문이다.

즉, 죽을 때까지 삶을 살아가야 하는 운명에 처한 인간은 한 가지 쾌락이 만족되더라도 또 다른 것을 욕망하고 충족되지 않는 고통에 처하게 되기 때문이다. 하나의 고통이 여러 개의 쾌락보다 더 강하고, 하나의 고통이 없어지면 보이지 않던 또 다른 고통이 생겨난다. 그리고 인간이 삶을 고통이라고 느끼는 것은 쾌락과 고통이 동시에 존재할 때도 고통이 더 강력하기에 쾌락보다는 고통을 느끼게 되기 때문이다.

그러므로 계속되는 쾌락의 추구는 항상 쾌락보다는 더 큰 고통을 낳게 하고, 결국 삶은 고통의 연속이라고 할 수 있다.

제시문에서 알 수 있듯이 낙천주의자에게나 염세주의자에게나 주어진 현실은 같다. 그렇다면 같은 현실인데도 두 사람의 생각이 다른 이유는 무엇일까? 이는 삶의 태도에서 비롯되는 차이일 것이다.

삶은 동전의 양면처럼 고통과 쾌락이 공존한다. 쇼펜하우어는 물론 고통이 쾌락보다 앞선다고 하지만 고통과 쾌락이 같이 주어진다면 그 중 어느 것을 보고 살아갈 것인가 하는 문제는 심리적 태도의 문제일 것이다.

어떤 마음가짐으로 삶을 대하느냐에 따라 삶을 살아가는 방식도 달라질 수 있다. 염세주의가 무조건 나쁘다는 것은 아니다. 왜냐하면 삶이 주는 쾌락보다 고통에 주목함으로써 우리가 어떻게 살아가야 하는가를 진지하게 성찰할 계기가 될 수 있기 때문이다. 그러나 염세주의가 삶을 포기하는 태도로 이어진다면 이는 좋지 못한 태도라고 할 수 있다.

쇼펜하우어가 말한 대로 인간은 생명을 이어나가야 하는 존재이고 이를 거부할 수는 없기 때문이다. 쇼펜하우어 역시 그런 점에서 자살과 같이 삶을 포기하는 태도에 대해서는 부정적으로 이야기한다.

02 강 맹목적 의지의 세계

일단 태어났다면 죽음에 대한 공포를 느끼고, 살고자 바둥거리는 것이 살아 있는 모든 존재자들의 모습이다. 그렇다면 살고자 하는 의지는 어떤 삶을 향해 있기에 그렇게 맹목적인 것인가?

만약 육체를 넘어서는 영혼의 영원한 삶, 행복한 삶을 꿈꾸는 사람이 있다면 그 사람은 죽음에 대한 공포를 느끼지 않을 것이다. 사실 인간이 종교를 갖는 것도 이러한 죽음에 대한 공포의 극복 방식이다. 그러나 살고자 하고, 죽음에 대한 공포를 절실하게 느낀다면 이는 신체적인 삶 때문일 것이다. 즉 육체를 갖고 있는 한 육체를 보존하고 육체를 유지하고자 하는 욕망은 맹목적인 것이다.

쇼펜하우어가 말하는 '삶에의 의지'는 그래서 육체적인 삶을 통해 드러난다. 따라서 우리가 육체를 갖고 있는 존재인 한 생겨나는 모든 욕구들, 욕망들이 바로 살고자 하는 맹목적인 의지의 표현이 된다. 식욕, 수면욕, 성욕, 권력욕 모두 살고자 하는 의지의 표현이라고 할 수 있다.

case 2 많은 사람들이 스스로 삶의 목적을 이미 갖고 있거나, 삶의 목적을 가져야만 한다고 생각한다. 목적을 갖는다는 것은 결국 삶을 살아가는 이유가 있다는 것이다. 그리고 그 이유는 왜 태어났는가에 대한 답변이기도 하다. 즉 사람이 태어난 데에는 그 만한 이유가 있고 살아가면서 이러한 목적을 달성해 나가는 것이 의미 있는 삶이라고 말할 수 있다는 것이다.

그러나 쇼펜하우어는 이것이 왜 우리가 살아가는가에 대한 근본적인 답변이라고 보지는 않는다. 우리에게 분명하고 확실한 것은 태어난 이상 살고자 하는 의지, 맹목적인 충동일 뿐이지 합리적인 이유는 없다고 보기 때문이다.

쇼펜하우어는 우리가 살아가는 이유에 대해 어떤 식으로 답변을 한다 해도 그 이유를 따지고 들어가다 보면 합리주의자나 목적론자들은 근본적인 답변을 제시해 줄 수 없다고 생각한다. 쇼펜하우어는 이성을 가진 인간의 삶이 동물의 삶에 비해 더 합리적으로 설명되거나 이해되는 것은 아니라고 생각하기 때문이다. 인간이나 동물이나 모두 삶에의 의지에 의해 살아가는 존재이다. 그리고 그러한 삶에의 의지는 맹목적(분별력 없는)인 욕망이다.

주 제 탐 구 **03** 강 고통에서 벗어나는 길은 무엇인가?

case 1 힘들게 바위를 정상에 끌어올리더라도 다시 굴러 떨어지는 바위를 허무하게 바라볼 수밖에 없는 시지프스의 운명은 마치 죽을 수밖에 없는 인간의 운명과도 같다.

죽음이 전제된 것이 인간의 삶이라면 인간은 이 끊임없는 고통에서 벗어날 길이 없는 것일까? 시지프스가 바위를 밀어 올리고 난 후의 결과가 어떻게 되느냐를 볼 것이 아니라 굴러 떨어질 것을 알면서도 끊임없이 정상을 향해 바위를 끌어올리는 시지프스의 힘과 용기를 살펴보자.

인간이 죽을 운명이라는 것이 삶을 의미 없게 만들지는 않는다. 고통을 참아내고 살아가는 용기, 다시 힘을 내고 삶을 긍정하는 인간의 의지야말로 진정으로 삶을 가치 있게 만드는 것이 아닐까?

 쇼펜하우어는 삶의 고통에서 벗어나는 길은 금욕을 통한 종교적인 해탈이라고 보고 있다.

그런데 여기에 쇼펜하우어 철학의 가장 큰 난점이 나타난다. 진정으로 의지에서 벗어나기 위해 종교적인, 금욕적인 해탈을 말한다면, 즉 인간과 모든 자연 현상을 지배하는 절대적인 의지로부터 금욕을 통해 해방되기 위해서는 이러한 의지에 버금가거나 혹은 그것을 능가하는 의지가 인간에게 있어야 할 것이다.

그렇다면 세계는 2개의 의지가 서로 다투는 장소가 되어 버린다. 만일 인간의 의지가 세계의 의지를 벗어나고 완전한 해탈이 가능하다면 세계는 그가 생각한 것처럼 고뇌에 차 있는 비극적인 것이 아니라 극복될 수 있는 것이 될 테고, 이런 극복될 수 있는 의지는 오히려 인간의 삶에 자극을 주는 적극적인 의미를 가질 것이다.

결국 쇼펜하우어가 말하는 금욕은 자기 극복일 뿐 세계의 극복이 아니므로, 해탈이란 결국 내세로 도피하는 것에 불과하다.

철학자가 들려주는 철학이야기 039

복희씨가 들려주는 주역 이야기

저자_김광식

서울대학교 철학과에서 학사·석사 과정을 마치고 독일 베를린 자유대학교 철학과에서 박사 과정을 마쳤다. 저서로는 《사회철학대계 4: 기술시대와 사회철학》(공저)이 있고, 역서로는 《흄—나는 존재하지 않는다》, 《마르크스 정치경제학의 변증법적 방법 I, II》(공역), 《철학대사전》(공역) 등이 있으며, 논문으로는 〈본질과 현상의 범주를 통해 본 인식들 사이의 모순의 문제〉, 〈사이버네틱스와 철학〉 등이 있다. 서양철학과 동양철학을 비교하는 데 많은 관심을 가지고 있다.

01강 주역의 사상이 뭐지?

'주역'은 주나라 시대의 역이라는 뜻입니다.

주나라는 본래 은나라 서쪽의 부족국가였습니다. 기원전 11세기경 문왕과 무왕이 은나라 왕실을 무너뜨리는 혁명을 통하여 천하를 지배하였는데, 그 혁명의 주체인 문왕과 그의 아들 주공이 《주역》의 괘사와 효사를 지었다고 전해집니다. 그래서 '주역'이라는 이름이 생겨난 것입니다. 《주역》의 '역(易)'은 '변화한다', '바뀐다'라는 뜻을 갖고 있는 한자어입니다. 이 세상의 모든 것이 끊임없이 변화한다는 뜻입니다.

우리 속담에 "음지가 양지되고 양지가 음지된다"라는 말이 있습니다. 자연계에서는 더위가 가면 추위가 오고 추위가 가면 더위가 옵니다. 그리고 인간사에서는 행복이 가면 불행이 오고 불행이 가면 행복이 옵니다. 모든 것은 고정되지 않고 변화한다는 것입니다. 그러나 그 변화는 멋대로 이루어지는 것이 아니라 일정한 법칙이 있습니다. 그것을 '도(道)'라고 합니다. 도는 '길'이라는 뜻으로, 모든 사물과 인간사가 변화해 나가는 길이라는 뜻입니다.

이와 같이 자연과 사람의 삶은 끊임없이 변화하기 때문에 미래에 일어날 변화를 미리 알아야 할 필요가 생깁니다. 《주역》은 그 미래를 점치는 책이었습니다. 점이란 미래에 일어날 일을 예측하여 길흉을 판단하고 이에 대응하는 방법을 알기 위하여 치는 것입니다. 이것은 매우 비합리적으로 보일 수 있습니다. 하지만 《주역》의 점법은 앞에서 말한 '변화의 도'에 바탕을 둔 것으로, 여기에는 도덕적인 성격과 논리적인 요소가 다분히 들어 있었습니다. 뒷날의 학자들은 이러한 면을 적극적으로 해석하여 《주역》의 철학적인 토대를 구축하였습니다. 그리하여 《주역》은 동아시아 전통 사회에 있어서 최고의 고전이 되었습니다. 여기에는 수천 년 동안 이루어진 인간과 자연에 대한 지식들이 담겨져 있으며 높은 수준의 철학적 사유가 나타납니다. 동아시아 전통 사회에서 최고의 철학자라고 할 수 있는 주자와 퇴계, 율곡 등의 철학 사상을 성리학이라고 하는데, 이 성리학의 기초 개념인 '이', '기'도 《주역》에 근거한 것입니다.

《주역》은 우리에게 매우 친숙한 책이기도 합니다. 우리나라의 국기가 '태극기(太極旗)'라는 사실을 모르는 사람은 없을 것입니다. 이 '태극'이라는 용어는 《주역》에서 처음 등장합니다. 중앙의 태극 문양은 《주역》의 기본 원리인 음양 사상을 형상화한 것입니다. 그리고 사방에 그려진 네 개의 괘 역시 마찬가지입니다.

이와 같은 《주역》을 이해한다는 일은 우리의 선조들이 생각했던 자연과 인간의 근본에 대하여 이해하는 일입니다. 뿐만 아니라 《주역》에 담겨져 있는 지혜는 오늘날 우리에게도 삶의 지표를 제공해 줄 것입니다.

― 〈복희씨가 들려주는 주역 이야기〉 중에서

주 요 개 념 및 배 경 지 식

1 음양(陰陽)

한자의 뜻으로 그늘과 볕, 즉 천지의 상반된 성질 음과 양을 뜻한다. 음양이란 사물의 현상을 표현하는 기호의 하나라고 말할 수 있으며, 음과 양이라는 두 개의 기호에 모든 사물을 대입해 넣는다. 이것은 어느 하나의 본질을 양면으로 관찰하여 상대적인 특징을 가지고 있는 것을 표현하는 이원론적 기호라고 할 수 있다. 즉, 달과 해, 겨울과 여름, 남과 북, 양극과 음극, 여자와 남자 등은 모두 음과 양으로 구분시킬 수 있다.

2 프랙털

수학적인 형태의 명칭으로 단순한 구조가 끊임없이 반복되면서 복잡하고 묘한 전체 구조를 만드는 것이다. 프랙털은 자기 유사성과 순환성이라는 특징을 가지고 있는 동물 혈관 분포 형태, 나뭇가지 모양, 잎맥 모양, 창문에 성에가 자라는 모습까지도 다 프랙털로 설명될 수 있으며, 우주의 모든 것이 결국은 프랙털 구조로 적용된다.

3 괘(卦)

중국 고대 복희씨가 지었다는 글자이다.

주역의 중심이 되는 것으로 천지간의 변화를 하나로 보고 이를 통해 길흉을 판단한다. 팔괘가 기본인데, 한 괘에 삼효가 있고, 효를 음양으로 나누어 팔괘가 된다. 그리고 팔괘가 거듭하여 육십사괘가 된다.

case 1 다음 제시문을 바탕으로 역사를 선택과목으로 하는 것에 대한 자기 정체성과 관련하여 서술하고 그 이유를 설명하시오.

㉮ "여기가 서기 2006년의 한국이 맞습니다. 물론 확실하진 않지요. 기록해 두지 않았으니까요. 저희는 아는 것이 많지 않습니다. 공부도 하지 않고, 기록도 해 두지 않고, 겨우 하루하루를 살고 있으니까요. 물론 불편한 점은 있습니다. 작년에는 농사를 지어 보았는데 기록을 해 두지 않아 어떻게 짓는지 몰라 실패했습니다. 그런데 작년에 왜 실패를 했었는지 적어 두질 않아 올해에도 똑같이 실패하고 말았습니다. 먹을 것이 좀 부족하긴 하지만 내일이면 또 어떻게 되겠지요. 우리는 별로 내일을 걱정하지 않습니다. 내일은 또 무슨 수가 나겠지요."

그러나 내일 일을 걱정하지 않는다는 마을 사람들의 표정은 죄다 찡그려져 있었다. 잘 먹지 못해 심하게 말라 있었고, 아이들은 배가 고프다고 울고 있었다.

주희는 자신이 살았던 '한국'이 얼마나 행복한 곳이었는지 깨달았다. 사람들은 아침에 오늘의 날씨를 알아보고 우산을 챙긴다. 또한 과거의 기록을 보고 농사를 지어 성공하고, 과거의 잘못을 거울삼아 똑같은 실수를 저지르지도 않는다.

'이곳 사람들에게는 오늘만이 중요하구나. 어제를 모범으로, 오늘 열심히 살 생각도 하지 않고 내일 있을 일을 미리 대비하지도 않고……. 이렇게 사는 것과 짐승의 삶이 뭐가 다를까?

- 〈복희씨가 들려주는 주역이야기〉 중에서

❹ 수의사 헨리는 우연히 만난 루시와 한눈에 사랑에 빠지게 된다. 그래서 루시에게 첫 데이트 약속을 받아내는 데 성공한다.

하지만 데이트 첫날, 그녀를 만나 반갑게 인사를 건넨 헨리는 오히려 파렴치한으로 몰리고, 가만히 보니 그녀는 어제 일은 커녕 그를 기억조차 못하는 눈치였다. 세상에 알고 보니 루시는 1년 전 교통사고 이후 사고 당일로 기억이 멈춰 버린 단기 기억상실증 환자였다. 다음 날이면 그가 누구인지조차 기억하지 못하는 루시의 사랑 유통기한은 딱 하루뿐이다.

루시는 그러다 자신이 사고를 당해 기억상실증에 걸렸으며 자신이 기억하지 못하는 많은 시간들이 있었음을 깨닫고 자신의 정체성에 혼란을 느끼기 시작한다.

친구들을 비롯하여 사랑하는 사람과의 관계, 자신의 일과 역할을 통해 정체성을 찾기 시작한다. 결국 기억상실증에 걸린 사람들에게 자신의 전공인 미술을 통해 도움을 주며 자신의 역할과 위치를 찾는다.

- 영화 〈첫키스만 50번째〉 참고

1 역사

　　과거에 일어난 사실이나, 그 사실에 관해 기록한 것이다. 과거에 일어난 사실은 모두 그 대상이 되지만 그 모든 사실이 역사가 되는 것은 아니다. 일정한 관심과 가치 판단에 입각해서 선택된 과거의 사실만이 역사를 구성한다. 문제 의식의 차이에 따라 선택된 과거의 사실이나 그 기술이 달라질 수 있다.

2 자기동일성

　　시간이 지남에도 현재의 자신은 과거나 미래의 자신과 동일하다는 생각이나 그러한 경험을 말한다. 자기동일성의 기반이 되는 것은 부모와의 신뢰 관계를 형성하고 언어를 습득하는 것이다. 그리고 자기동일성을 확립하는 데 중요한 시기는 급격한 신체적, 정신적인 성숙과 변화를 겪는 사춘기 또는 청년기이다.

3 기억상실증

　　경험을 통해 얻은 정보를 저장해 두고 현실에서 그 정보를 활용할 수 있도록 하는 것이 기억이며, 이 과정은 등록−저장−회상의 3단계로 나누어진다. 이

중한 부분이라도 결함이 생기면 기억장애가 나타나게 된다.

머리에 심한 충격을 받아 뇌기능이 떨어지면, 치매 증상과 같이 가족을 못 알아보는 등 일시적으로 기억을 상실할 수 있다. 하지만 뇌기능은 멀쩡한데 자신의 과거만 기억하지 못하는 경우도 있다.

기억상실증은 심리적인 원인에서 오는 경우도 있으며 예로는 '해리성 기억상실'과 '해리성 둔주' 등이 있는데, 해리성 기억상실은 이미 기억에 저장되어 있는 정보를 갑자기 회상하지 못하는 현상이다. 대개 스트레스가 심했거나 상처가 컸던 사건을 망각하게 된다. 해리성 둔주는 자신의 과거나 이름, 신분 등 자신의 정체성에 대한 기억을 상실하게 되는 것을 말한다. 자신이 기억상실증에 걸린 것을 모르기 때문에 새로운 신분을 가지기도 한다.

03강 '매트릭스'가 가능할까?

> **case 1** 주역은 미래는 정해져 있지만 노력으로 바꿀 수 있다고 주장한다. 다음의 제시문을 읽고 이 근거를 찾아 논리적인 측면에서 비판적으로 논술하시오.

㉮ 주자는 이어서 다음과 같은 고사를 예로 들었습니다.

"춘추시대에 '남괴'라는 사람이 장차 모반을 하려고 점을 쳤는데, 곤괘 다섯 번째의 효를 얻어 크게 길한 것으로 생각하였다. 그때 참모인 자복 혜백이 말했다. '충(忠)과 신(信)과 같은 일은 가하지만 그렇지 아니하면 반드시 패배할 것입니다. 밖으로는 강하고 안으로는 따뜻한 것이 충이며, 조화를 이루어 올바름을 따르는 것이 신입니다. 그러므로 《주역》곤괘 5효에서 황색 치마이니 크게 길하다, 라고 하였습니다. 황색은 가운데 색이며, 치마는 아래를 꾸미는 것이며, 크다는 것은 가장 선한 것입니다. 가운데가 충성스럽지 않으면 그 색을 얻을 수 없고, 아래가 공손하지 않으면 그 꾸밈을 얻을 수 없고, 일이 선하지 아니하면 그 극진함을 얻을 수 없습니다. 또한 역은 험한 것을 점칠 수 없습니다. 이 세 가지 가운데 하나라도 빠진다면 점을 친 것이 비록 합당하다 할지라도 안 됩니다.' 후에 남괴가 과연 패배하였으니 여기에서 점치는 법을 볼 수 있다."

이 구절은 아무리 길한 괘·효를 얻었다 할지라도 점친 자의 도덕적 정당성이 결여된 경우, 도리어 흉이 될 수도 있다는 사실을 잘 알려줍니다.

– 〈복희씨가 들려주는 주역이야기〉 중에서

㉯ 컴퓨터 프로그래머 토머스 앤더슨은 네오라는 이름의 해커이다. 어느 날 그는 전설적 해커 모피스로부터 충격적인 이야기를 듣는다. 그가 1999년으로 알고 있는 현재가 사실은 2199년이며, 인공지능 컴퓨터 AI(Artificial Intelligence)가 가상현실을 담은 매트릭스라는 프로그램을 이용하여 인간을 가축처럼 양육하고 인간의 생체 에너지를 자신의 동력원으로 쓰고 있다는 것이다.

AI에게 양육된 인간들의 비참한 현실을 확인한 토머스는 모피스와 그의 동료들의 도움으로 매트릭스를 탈출하고, 인류를 구원하기 위한 사이버 전사가 되기로 결심한다.

– 글의 모티브: 영화 〈매트릭스〉

㉰ 인간이 만든 인공지능 컴퓨터 전략 방어 네트워크가 스스로 지능을 갖추고 핵전쟁을 일으켜 30억 인류를 잿더미 속에 묻어 버린다. 그리고 남은 인간들은 인공지능 기계의 지배를 받아 비참하게 살게 된다. 이때 인간들을 이끌던 사령관 존 코너는 반기계 연합을 구성하여 놀라운 통솔력과 지휘력으로 기계와의 전쟁을 시작하면서 상황은 반전되게 된다. 이어 인공지능 기계는 '터미네이터' 라는 인공지능 살인 기계를 만들어 타임머신을 타고 과거로 보낸다. 그 이유는 사령관인 존 코너의 엄마를 죽이고 그의 탄생 자체를 막기 위해서이다.

– 글의 모티브: 영화 〈터미네이터〉

생각 쓰기

1 매트릭스

매트릭스는 미래 세계를 배경으로 인공지능 컴퓨터와 이에 대항하는 인간들 사이의 대결을 그린 공상과학 영화이다. 매트릭스는 수학에서의 행렬, 거푸집, 자궁, 모체 등을 뜻하는 말이고 〈매트릭스〉라는 영화에서는 인간의 뇌를 지배하는 컴퓨터 프로그램이자 가상현실로 표현되었다. 이 영화는 인간들의 삶이 단지 기계가 만들어 낸 컴퓨터 시뮬레이션에 불과하다는 철학적 주제를 가지고 있다.

2 터미네이터

터미네이터는 '종결자' 라는 의미를 가지며, 영화에서는 계속 반복되는 세계를 송결시키기 위한 로봇으로 능장한다. 인간의 미래가 기계 문명의 유용성과 더불어 치명적인 위기 상황을 맞이할 수 있음을 보여 준 초특급 SF 영화이다.

04강 따돌리지 마, 음도 양도 아니라고

하나님이 땅의 흙으로 사람을 지으시고, 그의 코에 생명의 기운을 불어넣으시니, 사람이 생명체가 되었다.

동쪽에 에덴동산을 일구시고, 지으신 사람을 거기에 두셨다. 보기에 아름답고 먹기에 좋은 열매를 맺는 온갖 나무를 땅에서 자라게 하시고, 동산 한가운데는 생명나무와 선과 악을 알게 하는 나무를 자라게 하셨다. (……) 하나님이 사람에게 명하셨다. "동산에 있는 모든 나무의 열매는 네가 먹고 싶은 대로 먹어라. 그러나 선과 악을 알게 하는 나무의 열매만은 먹어서는 안 된다. 그것을 먹는 날에는, 너는 반드시 죽는다." 하나님이 말씀하셨다. "남자가 혼자 있는 것이 좋지 않으니 그를 돕는 사람, 곧 그에게 알맞은 짝을 만들어 주겠다." 들의 모든 짐승과 공중의 모든 새를 흙으로 빚어서 만드시고, 그 사람에게로 이끌고 오셔서, 그 사람이 그것들을 무엇이라고 하는지를 보셨다. 그 사람이 살아 있는 동물 하나하나를 이르는 것이 그대로 동물들의 이름이 되었다. 그 사람이 모든 집짐승과 공중의 새와 들의 모든 짐승에게 이름을 붙여 주었다. 그러나 그 남자를 돕는 사람, 곧 그의 짝이 없었다. 그래서 주 하나님이 그 남자를 깊이 잠들게 하셨다. 그가 잠든 사이에, 주 하나님이 그 남자의 갈빗대 하나를 뽑고, 그 자리는 살로 메우셨다.

하나님이 남자에게서 뽑아 낸 갈빗대로 여자를 만드시고, 여자를 남자에게로 데리고 오셨다.

그때 그 남자가 말하였다. "이제야 나타났구나, 이 사람! 뼈도 나의 뼈, 살도 나의 살, 남자에게서 나왔으니 여자라고 부를 것이다." 그러므로 남자는 아버지와 어머니를 떠나 아내와 결합하여 한 몸을 이루는 것이다. 남자와 그 아내가 둘 다 벌거벗고 있었으나 부끄러워하지 않았다.

– 《구약성서》 〈창세기〉 중에서

생각 쓰기

동성애

　여자대 여자, 남자대 남자로 동성의 사람을 사랑하는 심리 또는 성 행동을 말한다. 원인은 유전이나 호르몬의 부조화 등 생물학적 요인이라는 이론과 성 심리의 발달 과정에서 일어난 갈등 등의 정신적인 요인이라는 이론이 있다.

　동성애자를 흔히 트랜스젠더와 혼동하기도 하는데 트랜스젠더는 자신의 육체적인 성이 정신적인 성과 반대라고 생각하는 성전환증에 가까운 것으로 동성애와는 구별된다.

아비투어 철학 논술

예시 답안

case 1　주역이 담고 있는 사상의 핵심은 첫째 모든 것은 변화한다는 것이고, 둘째 모든 변하는 것은 하나의 보편적인 법칙을 따른다는 것이며, 셋째 그 보편적인 법칙은 아주 단순한 법칙이 거듭되면서 복잡한 현상을 만들어 내는 프랙털 구조를 가지고 있다는 것이다. 긴 막대기 모양의 양효와 짧은 막대기 두 개 모양의 음효라는 가장 기본적인 두 가지 요소가 서로 조합되면서 8개의 괘를 만들고 그 괘들은 2개씩 겹쳐져서 64개의 괘를 만든다. 괘의 모양에 따라 미래의 좋고 나쁨이 나온다.

　주역의 가치는 미래를 정확히 예측할 수 있는 점 책이라는 데 있는 것이 아니라, 우주의 원리에 대한 논리적인 설명을 시도한 것이라는 점에 있다.

case 1　내가 '나' 일 수 있는 것은 어제의 '나' 가 있었기 때문이며, 내가 바로 지금의 이러저러한 '나' 로 있는 것도 과거의 '나' 가 있었기 때문이다. 이처럼 나의 정체성은 공간뿐만 아니라 시간을 통해 형성된다. 현재의 내가 미래에 어떤 모습으로 될지 알기 위해서는 과거의 나를 알아야 한다. 그래야 현재의 나와 과거의 나를 비교하여 법칙이나 경향성을 찾아낼 수 있고, 그것을 근거로 하여 미래의 나의 모습을 예측할 수 있다.

과거와 현재의 '나'의 모습을 아는 것은 미래의 나의 모습을 예측하기 위해서이기도 하지만, 다른 한편으로는 그 예측이 만족스럽지 못할 경우 현재의 모습을 바꿈으로써 미래의 내 모습을 바꾸기 위해서이다.

우리나라의 역사는 우리나라의 과거의 모습이다. 우리나라의 현재의 모습은 과거의 모습을 이어받은 것이다. 우리나라의 정체성도 나의 정체성처럼 과거의 모습으로부터 형성되었다. 따라서 우리나라의 과거의 모습을 알면 현재의 모습과 비교하여 미래의 모습을 예상할 수 있게 된다. 미래의 모습이 만족스럽지 않을 때는 현재의 모습을 바꿈으로써, 미래의 모습을 바꿀 수 있다.

역사를 누구나 공부해야 되는 필수과목에서 선택과목으로 바꿈으로써, 역사를 선택하는 학생들의 수가 줄고 있다. 중국과 일본이 우리의 역사를 왜곡함으로써 우리의 정체성을 흔들어 놓으려 한다. 과거를 기억하지 못하는 사람은 그 사람으로서 자기 정체성을 가질 수 없다. 마찬가지로 과거를 기억하지 못하는 나라도 자기 정체성을 가질 수 없다.

case 1 영화 〈메트릭스〉와 〈터미네이터〉에서 주인공들은 가상 세계, 현실 세계, 과거 세계, 현재 세계, 미래 세계 사이를 오가며 하나의 세계를 다른 세계로 바꾸는 일을 한다. 과연 가능한 일일까?

과거 세계로 가서 사건을 바꿈으로써 현재 세계와 미래 세계를 바꾸는 일은 불가능하다. 어떤 사람이 과거로 가서 자신의 아버지를 죽일 수 있을까? 불가능하다. 만약 죽일 수 있다면 아버지를 죽인 사람이 태어날 수 없기 때문이다. 이것은 논리적으로 불가능하다. 미래의 어떤 사건이 미리 정해져 있다면, 그 사건은 시계 바퀴를 미래에서 현재로 거꾸로 돌렸을 때, 이미 일어난 현재의 사건이 된다. 그 사건은 그 사건을 일어나게 한 과거의 사건으로부터 보면 미래의 미리 정해진 사건이다. 따라서 현재 이미 일어난 사건을 바꾸기 위해 그 사건을 일어나게 한 원인이 되는 과거의 사건을 바꿈으로써 현재의 사건을 바꾸려는 상황이 된다. 하지만 앞에서 아들이 아버지를 죽이는 것과 같은 논리적으로 불가능한 일을 하려는 것이므로 과거를 바꾸어 현재를 바꿀 수는 없다.

case 1 태어날 때부터 남자도 여자도 아닌 중간 성으로 태어나는 사람들이 있다. 어떤 이들은 겉모습은 남자이지만 속은 여자인 사람들이 있고, 어떤 이들은 반대로 겉모습은 여자이지만 속은 남자인 사람들도 있다. 남녀추니라고도 하는 이들은 양에도 음에도 속하지 않는다. 이들은 오늘날에만 있는 것이 아니라 아주 오랜 옛날에도 있었다. 그럼에도 불구하고 주역이 우주의 가장 기본 단위를 음과 양, 두 가지만으로 설정한 것은 주역이 가지는 한계라고 볼 수 있다.

철학자가 들려주는 철학이야기 040

토크빌이 들려주는 민주주의 이야기

저자_소병일
고려대학교 철학과 대학원 박사 과정을 수료했으며, 중앙유웨이 논구술 특강 논술 전문위원으로,
현 동덕여대 '발표와 토론' 강사로 재직 중이다.

이제 상황은 변했다. 점차 계급의 차별은 사라지고 있다. 또한 한때 인류를 갈라 놓았던 장벽들은 무너지고 있다. 재산은 나누어지고 있으며 권력은 여러 사람들이 함께 나누어 가지고 있다. 지성의 빛이 퍼지고 모든 계급의 능력이 평등을 향해 움직여 가고 있다.

(중략)

만인이 스스로 만들었다고 여기는 법률에 대해서 동등한 애정과 존경심을 느끼게 될 사회, 정부의 권위가 신적인 것으로서가 아니라 필요한 것으로 존중되는 사회, 그리고 국민은 감정이 아닌 냉철하고 합리적인 설득에 따라서 최고의 통치자에게 충성하게 될 그런 사회를 나는 상상할 수 있다. 개인마다 자신이 확실히 지녀야 할 권리를 보유한다면, 자만이나 비굴과는 동떨어진 일종의 남성다운 신뢰감과 상호 존중의 예의가 모든 계급 사이에 생길 것이다. 자신들의 진정한 이익을 잘 알게 된 민중은 국가의 이점으로부터 혜택을 얻기 위하여 국가의 요구를 만족시킬 필요가 있다는 것을 이해하게 될 것이다. 그렇게 되면 시민들의 자발적인 결사

가 귀족들의 개인적인 권위를 대신할 수 있을 것이며, 공동체는 폭정과 방종으로
부터 보호될 것이다.

– 토크빌, 《미국의 민주주의》 중에서

생각 쓰기

결사

결사란, 특정한 목적을 이루기 위하여 결합 관계를 맺는 단체를 말한다. 공동체가 자연 발생적인 혈연적·지연적 공동생활을 뜻하는 데 대하여, 결사는 사람들이 특정한 목적이나 관심에 따라 인위적으로 결합한 집단을 말한다. 이러한 결사는 정치·경제·문화 전 영역에서 나타날 수 있다. 근대의 헌법은 사람들이 일정한 목적을 위하여 계속적인 결합 관계를 맺는 자유를 거의 예외 없이 보장한다. 그리고 정치적 결사의 자유를 인정하는 것은 민주정치의 실현을 위하여 불가결한 전제가 되었다. 토크빌 또한 민주주의 발전에 있어 결사의 역할을 중요하게 보았다.

㉮　민주시대에는 행복에 대한 집착이 집요하고 배타적이며 보편적인 열정으로 나타난다. 그러나 그 범위는 한정된다. 거대한 궁전을 짓거나 자연을 정복하거나 또는 모방하거나 인간의 열정을 만족시키기 위해 세계를 샅샅이 뒤지는 것은 생각조차 할 수 없다. 그러나 몇 평의 땅을 늘리는 것이라든가, 과수원을 만드는 것, 주택을 늘리는 것, 생활을 보다 안락하고 편리하게 하는 것, 어려움을 피하는 것, 그리고 아무런 노력이나 비용도 들이지 않고 가장 작은 욕망까지도 충족시키는 것 등은 항상 염두에 둔다. 비록 이러한 것은 작은 목표들이지만, 그들은 이러한 것에 얽매인다.

㉯　"글쎄, 우리 동네에 장애아 교육 시설이 들어온다지 뭐예요. 특수학교 말이에요."

"그게 어때서?"

"어떻다니요? 못 들어오게 해야지요."

"왜?"

엄마는 한심스럽다는 듯 아빠를 바라보았다.

"이미지가 안 좋아져서 그렇지, 엄마?"

보영이가 끼어들었다.

"뭐야? 애한테 무슨 소리를 한 거야?"

아빠 얼굴이 갑자기 굳어졌다.

"내가 무슨 얘기를 했다고 그래요? 어디서 주워들은 모양이지. 말이야 바른말이구먼 뭘 그래요?"

"이 사람이 진짜! 그래서 반상회에서 그런 얘기 쑥덕거리고 온 거야?"

"당연하지요. 그럼 두 눈 뜨고 그런 꼴을 보란 말이에요?"

보영이는 뭔가 엄청난 일이 벌어지고 있음을 알 수 있었다. 그렇게 좋은 사람들만 모인 반상회에서 반대한다는 것은 분명 특수학교가 설립되어서는 안 될 만한 이유가 있을 것이라고 직감했다.

"이런 이기적인 사람들을 보았나. 지난번 반상회 다녀온 얘기 듣고 나선 서로 돕는 화목한 공동체라고 생각했는데, 영 딴판이었군. 정작 이해와 배려가 필요한 이런 일에 발 벗고 나서서 반대를 하다니, 정말 실망이야. 당신도 마찬가지고."

아빠 말을 듣고 보니 그도 그럴듯했다.

'두 달에 한 번씩 바자회를 열어서 어려운 이웃을 돕는 주민들이 왜 장애 학생들을 위한 특수학교 설립은 반대하는 걸까?'

"모르는 소리 말아요. 이건 불우 이웃 돕기와는 차원이 달라요. 집값이 완전히 똥값 되는 건 시간문제라고요. 게다가 우리 애를 그런 장애아들 속에서 키우란 말이에요?"

엄마가 냉수를 벌컥 들이켜며 따따따따 말했다.

– 《토크빌이 들려주는 민주주의 이야기》 중에서

02강 자유와 평등

사회 상태가 보다 평등해짐에 따라 그들이 비록 자기의 동료에게 어떤 영향력을 행사할 수 있을 만큼 부유하거나 강력하지는 못하다 할지라도, 자기 자신의 욕구를 충족시킬 수 있을 만한 교육과 재산을 충분히 확보한 사람의 수는 증가하고 있다. 그들은 어떤 사람에게도 빚진 것이 없으며, 또 아무것도 기대하는 바가 없다. 그들은 항상 홀로 지낸다는 생각을 습관화하고 있으며, 그들의 모든 운명은 그들 자신의 손에 달려 있다고 생각하게 된다.

이와 같이 민주주의는 모든 사람으로 하여금 자기의 조상을 잊게 할 뿐만 아니라 후손에 대해 무관심하게 하여 동시대인으로부터 고립시킨다. 그래서 민주주의는 언제나 자기 자신에게만 매달리게 하여 마침내 인간을 완전히 고독한 존재로 가둘 위험을 안고 있다.

— 토크빌, 《미국의 민주주의》 중에서

생각 쓰기

오늘날 통치자들은 사물을 위대하게 만들기 위해 인간을 이용하려는 것 같다. 내가 바라는 바는 다음과 같다. 그들은 위대한 인간을 형성해 내기 위해 좀 더 노력을 하고, 일에 대해서는 가치를 적게 부여하는 대신 일하는 사람에게 더 큰 가치를 부여하며, 국가의 각 구성원이 무기력해질 때는 국가도 강력해질 수 없다는 것을 잊지 말며, 지금까지 어떠한 사회체제도 무기력하고 허약한 시민으로 구성된 사회에서는 정력적인 국민을 배출해 내는 방법을 고안해 내지 못했다는 것을 깨닫는 것 등이다.

나는 현대인에게서 똑같이 해로운 두 가지 상반된 관념을 발견하게 된다. 일부 사람들은 평등을 야기하는 무질서한 경향 외에는 평등의 원리에 아무런 가치도 찾아내지 못한다. 이 사람들은 자신들의 자유로운 행위를 염려할 뿐만 아니라, 스스로를 두려워한다. 또 다른 사람들은 수는 적지만 더 각성된 사람들인데, 이들은 다른 견해를 취한다. 즉 평등의 원리로부터 출발하여 무질서 상태에서 끝나는 그러한 논리와는 달리 이들은 마침내 인간이 반드시 노예 상태에 들어가는 그러한 길을 발견해 냈다. 이들은 이미 이러한 필연적인 상황에 맞추어 그들의 정신 자세를 형성한다. 그리고 자유로운 상태로 존재하는 것은 불가능하다고 단정하고, 곧 나타나게 될 통치자에게 복종할 준비를 마음속으로 갖추고 있다. 전자의 경우는 자유란 위험한 것이기 때문에 이를 포기하는 것이고, 후자의 경우는 자유 자체가 불가능하다고 생각하는 것이다.

– 토크빌, 《미국의 민주주의》 중에서

생각 쓰기

전제정치는 그 속성상 의심이 많기 때문에 국민의 상호 분열이야말로 그 체제를 유지할 수 있는 가장 확실한 보장책이라고 생각한다. 인간의 감정 중에서 이기주의만큼 그것에 적합한 악덕은 없다. 전제군주는 자기의 시민이 그들 상호 간에 서로 사랑하지만 않는다면 군주인 자기를 사랑하지 않는 것도 쉽게 용서해 버린다. 그는 국가를 통치하는 데 자기를 도와달라고 국민에게 요구하지 않는다. 국민 스스로 국가를 통치하려 하지 않는 것으로 충분하다. 그는 사회의 번영을 위해 국민의 힘을 결합하려고 하는 사람을 불온하고 다루기 어려운 사람으로 낙인찍는다. 그래서 그는 언어의 본래 의미를 왜곡하여 자기 자신 이외에는 어떤 사람에게도 동정심을 갖지 않는 사람을 선량한 시민으로 칭찬한다.

따라서 전제정치가 만들어 내는 악덕은 평등에 의해 나타나는 악덕과 정확히 일치한다. 유감스럽게도 이 두 가지는 상호 보완적으로 발전한다. 평등이 인간을 아무런 공통적인 유대에 의해 연결되지 않는 상태로 개별화한다면, 전제정치는 인간을 분열 상태에 묶어 두기 위해 장벽을 쌓는다. 전자가 인간으로 하여금 동료 인간을 생각하지 않도록 만든다면, 후자는 일반적인 무관심을 일종의 공공의 미덕으로 삼는다.

– 토크빌, 《미국의 민주주의》 중에서

생각 쓰기

사회의 평등화에 의해서 이루어진 모든 정치적인 결과 중에서 독립에 대한 애착이야말로 처음 보는 사람에게는 가장 인상적이며, 좀 소심한 사람이라면 놀라게 할 만한 것이다. 그러나 이들이 놀라는 것은 전적으로 잘못된 것이라고 말할 수 있다. 왜냐하면 다른 어떤 곳에서보다 민주국가에서 가장 무서울 정도의 무질서 상태가 발생하기 때문이다. 시민 상호 간에는 어떤 직접적인 영향을 미치지 않기 때문에 국가의 통치권이 무너질 때에는 즉시 무질서가 그 절정에 이를 것으로 보이며, 모든 사람이 각자 다른 방향으로 나아가므로 사회 조직은 일시에 파괴될 것처럼 보인다.

그러나 내가 볼 때 무질서 상태는 민주시대에 두려워해야 할 첫 번째 해악이 못 되고 가장 하찮은 해악에 불과하다고 생각한다. 왜냐하면 평등의 원리는 두 가지 경향을 야기하는데, 그 하나는 인간으로 하여금 곧바로 독립 상태로 이끌면서 무질서 상태로 몰아넣는 것이고, 다른 하나는 노예 상태에의 길을 열어 놓게 되기 때문인데, 이 노예 상태에의 길은 시간이 오래 걸리고 잘 알 수 없게 나타나는 것이긴 하지만 확실한 것이다. 국민의 전자의 경향에 대해서는 잘 알고 이에 저항할 마음의 준비가 되어 있다. 그러나 후자의 경향에 대해서는 그것을 인식조차 못하고

서 끌려가게 된다. 그래서 이것을 밝히는 일이 특별히 중요하다고 생각한다.

　개인적으로 나는 평등이 독립심을 고취한다는 점에서 그 과오를 조금도 찾아낼 수 없고, 오히려 찬사를 보낸다. 나는 그것이 각 개인의 마음속에 정의를 내리기 어려운 감정, 즉 정치적인 독립을 추구하는 본능적인 성향을 불어넣음으로써 그것이 야기하는 악에 대한 구제책을 미리 대비하고 있기 때문에 더욱 찬사를 보낸다. 내가 평등에 집착하는 것은 바로 이 이유에서이다.

— 토크빌, 《미국의 민주주의》 중에서

생각 쓰기

주요 개념 및 배경 지식

1 전제정치

전제정치란 군주·귀족·독재자·계급·정당 등 무엇 하나가 국가의 모든 권력을 장악하여 아무런 제한이나 구속 없이 마음대로 그 권력을 운용하는 정치체제를 말한다. 전제정치는 국민의 정치 참여와 자유권을 보장하지 않으며, 의회 제도를 부정하고, 소수의 지배자가 초월적·강권적으로 지배한다. 전제정치의 예로는 군주전제정치나 나치즘과 같은 것이 있다.

토크빌은 민주정치도 전제주의로 전락할 수 있다고 보았는데, 그 이유는 평등의 확산이 타인에 대한 무관심을 만들어 내고, 이에 따라 전제정치가 원하는 상태가 되기 때문이다.

2 평등과 무질서

평등 속에서 만인은 자신이 다른 만인과 동일하다고 생각한다. 따라서 만인은 타인의 견제나 구속 없이 자신의 뜻대로 행동할 수 있다고 믿는다. 이것이 바로 무질서를 만들어 내는 이유이다. 토크빌이 민주사회는 기본적으로 무질서를 만들어 낸다고 했을 때, 이것은 평등이 가져온 결과이다. 그러나 그는 그

평등이 정치적인 독립을 추구할 수 있는 힘이 된다는 점에서 평등의 긍정적인 측면을 강화시켜야 한다고 주장한다. 토크빌은 미국의 민주주의에서 평등의 폐해에 대해 자주 지적하는데, 그렇다고 해서 그가 평등을 무시하고 자유를 더 강조했다고 볼 수는 없다. 그는 평등이 가져올 수 있는 나쁜 점을 극복할 때 진정한 자유가 올 수 있다고 보며, 평등과 자유의 조화를 주장했다.

아비투어 철학 논술

예시 답안

case 1 토크빌이 생각한 민주주의의 특징은 다음과 같다. 우선 재산과 권력이 분산되고, 지적인 능력을 누구나 갖게 되면서 계급의 차별이 사라지는 평등의 세계이다. 그리고 민주주의에서 모든 사람은 자신이 법을 만들었다고 믿고, 그 법에 대해 애정과 존경심을 갖게 된다. 이에 따라 정부나 신의 권위가 아니라, 자기 자신의 필요를 주장한다. 또한 구시대의 권위와 같은 감정이 아니라 합리적인 설득과 판단에 의해 지도자에 충성하고, 자신의 이익과 국가의 이익이 같다는 점에서 자발적으로 결사하여 정치에 참여한다.

case 2 제시문 ㉮에서 토크빌은 민주 시대에 사람들은 자신의 행복에만 집착하는 배타적인 경향을 보인다고 지적한다. 그리고 그 행복은 거창한 것이 아니라 자신의 재산을 늘리거나 생활을 편하고 쉽게 하려는 것에서 얻을 수 있다고 생각한다. 제시문 ㉯에서 장애아 교육 시설이 들어오면 자신의 집값이 떨어지고, 교육 환경이 좋아지지 않는다고 반대하는 엄마의 입장은 바로 토크빌이 말한 민주 시대의 사람들이 보여 주는 자기 중심적인 행복의 예이다.

case 1 평등은 다른 사람에게 영향을 끼칠 수 없더라도 자신의 욕구를 충족시킬 수 있는 사람들을 만들어 낸다. 평등 상태의 사람들은 다른 사람에게 영향을 주거나 받는다고 생각하지 않기 때문에 다른 사람에게 의존하거나 기대하지 않고, 오직 자신의 삶은 자신이 이끌어 간다고 생각한다. 그런데 결국 자신만을 생각하는 평등의 확산은 조상이나 후대에 대한 무관심을 조장하고, 사회적으로 고립된 인간을 만들어 낼 수 있다.

case 2 통치자는 인간을 이용하려 하지 말고, 위대한 인간을 만들어 내기 위해 노력해야 한다. 이를 위해서는 일 대신 사람을 중요하게 여겨야 한다. 이러한 통치를 통해서만 강한 국민과 강한 국가를 만들어 낼 수 있다.

또한 현대인들은 자유를 위험하다고 생각하여 평등에만 몰두하거나 자유 자체가 불가능하다고 생각하려고 한다. 이 두 자세 모두 그저 아무 통치자에게나 복종하는 결과를 낳기 때문에 현대인들은 이러한 상태를 극복해야만 한다.

case 3 전제정치는 자신의 체제를 쉽게 유지하기 위해 국민을 분열시키려고 한다. 그래서 전제정치는 국민들이 이기심에 빠져 서로 싸우면서 정치에 관여하지 않는 것을 환영한다. 그런데 이러한 전제정치 방식은 평등에서 나타나는 문제점을 활용하는 것이다. 왜냐하면 평등은 다른 사람들에 대한 무관심을 조장하여 사람들이 결합시키는 것이 아니라, 분산시키고 개별화시키기 때문이다.

case 4　토크빌은 평등화가 민주사회에 무질서를 야기한다고 보고 있다. 그러나 그는 이러한 무질서는 민주주의에서 나타날 수 있는 작은 해악일 뿐이라고 생각한다. 그에 따르면 평등의 원리는 독립 상태로 이끄는 무질서와 사람들이 자신도 모르게 노예 상태로 이끄는 무질서를 만들어 낸다. 그러나 평등은 독립심, 즉 정치적인 독립을 추구하는 본능적인 성향을 불어넣고, 또 다른 측면에서 평등이 야기할 수 있는 나쁜 측면을 대비할 수 있기 때문에, 토크빌은 평등의 긍정성을 강조하고 있다.

논술
답안 쓰기

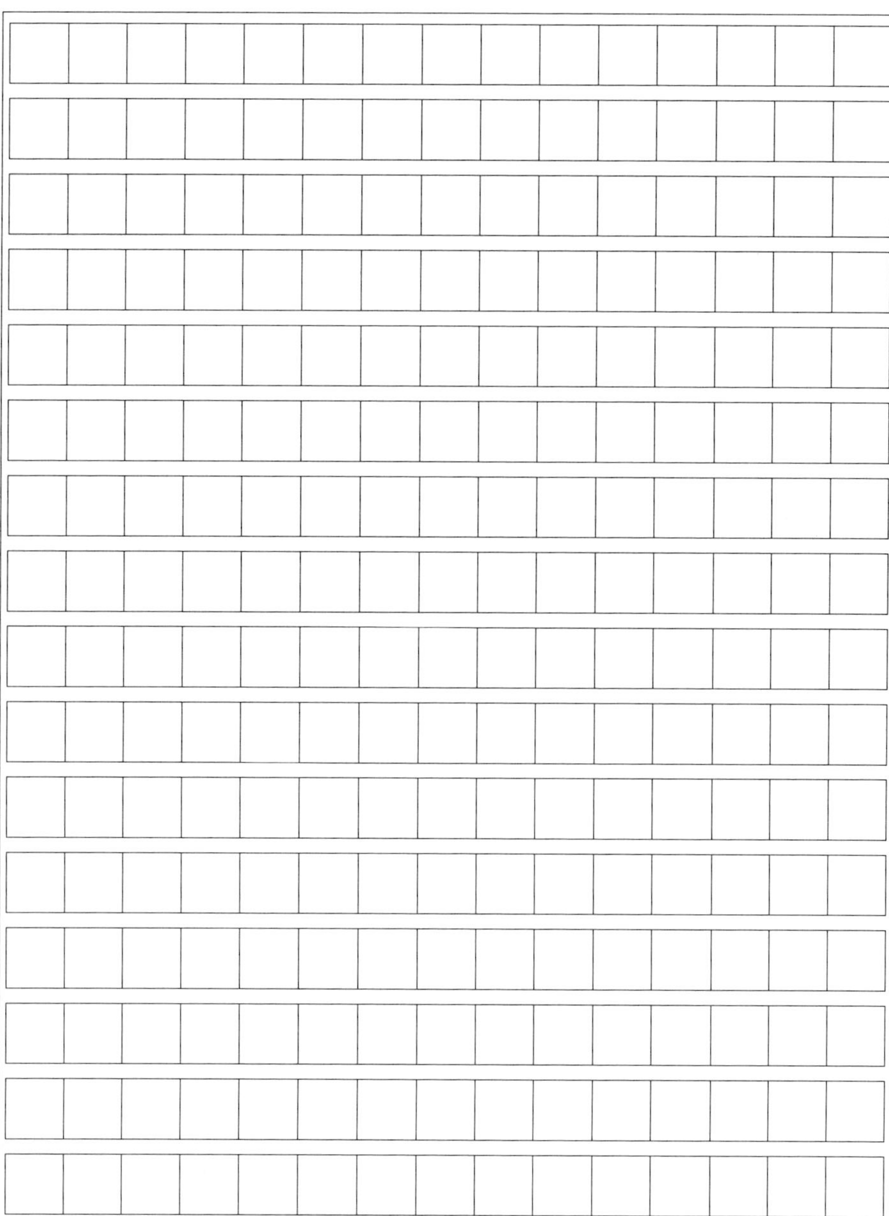

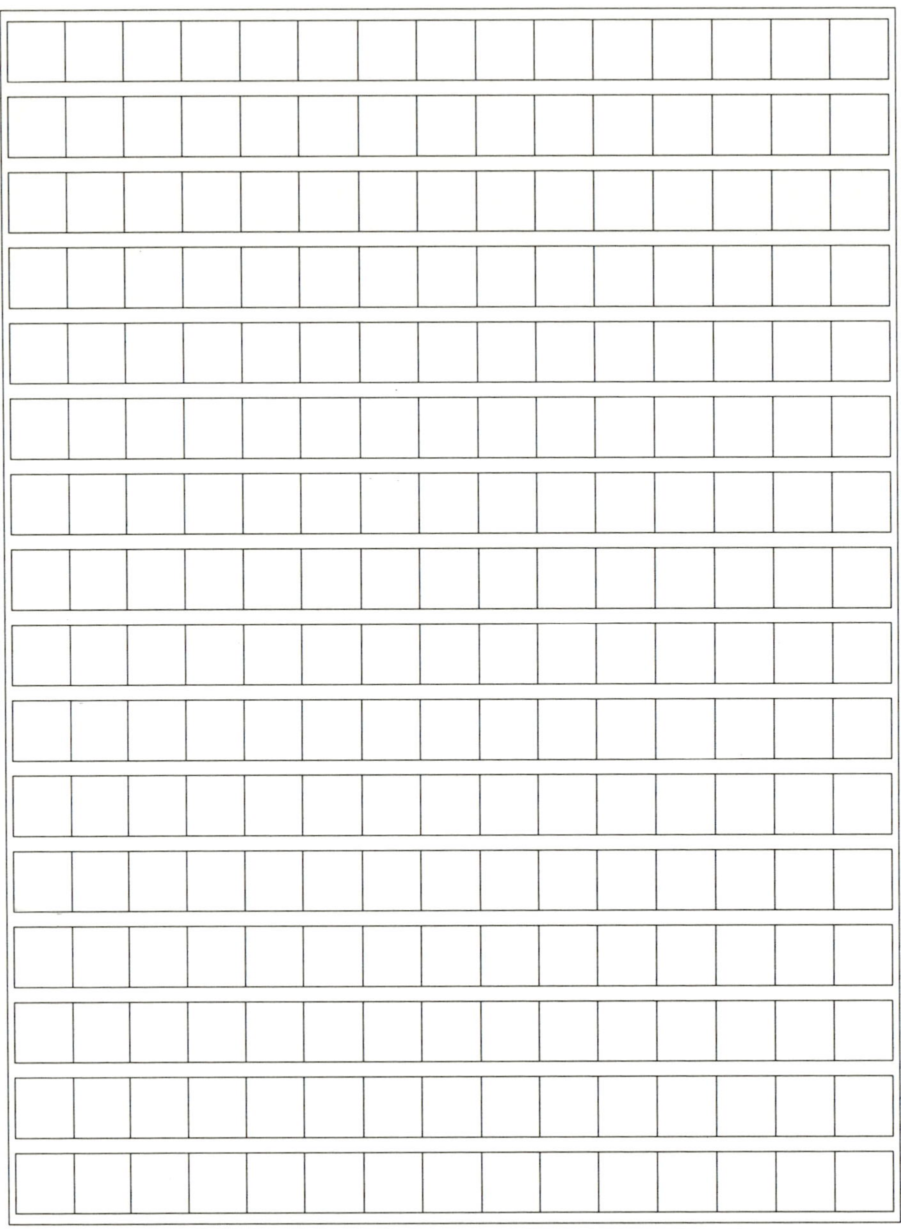

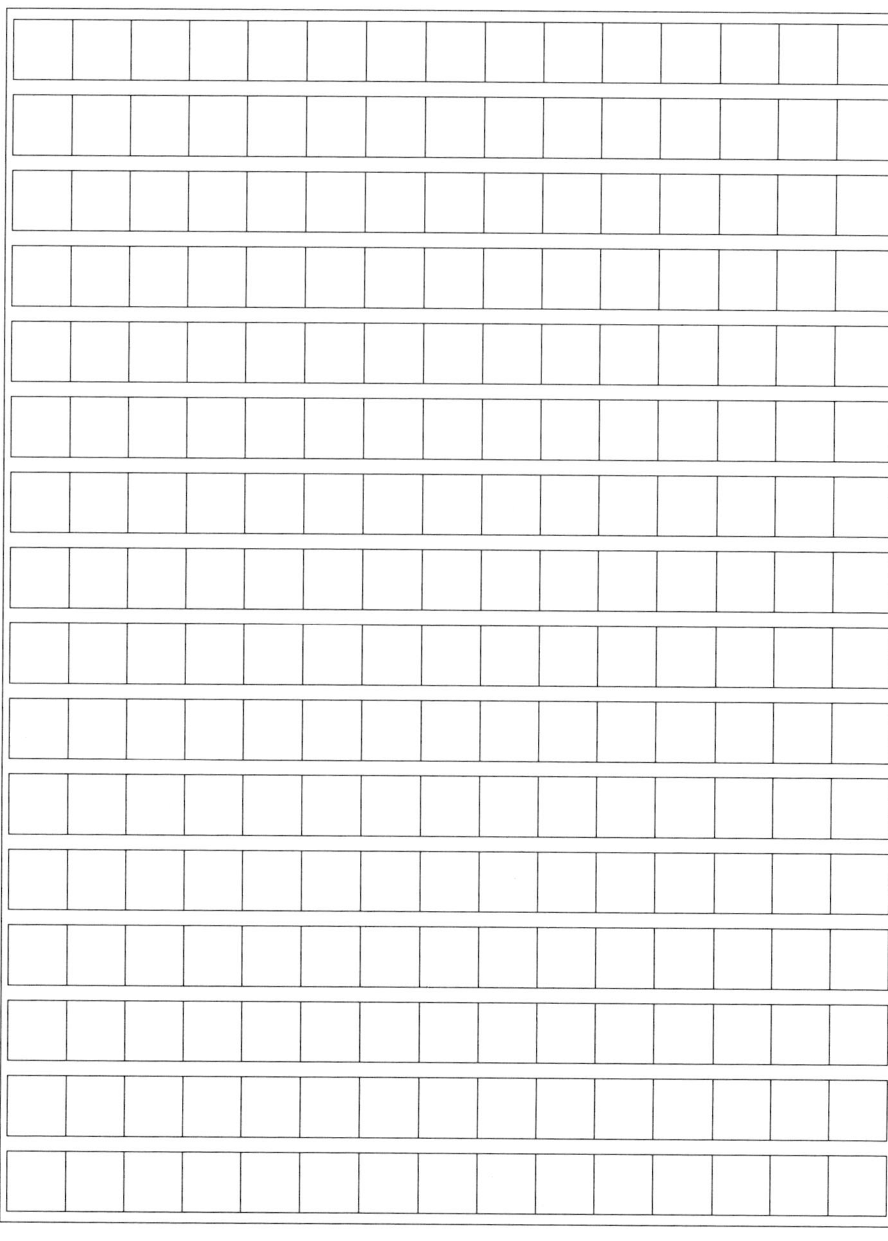

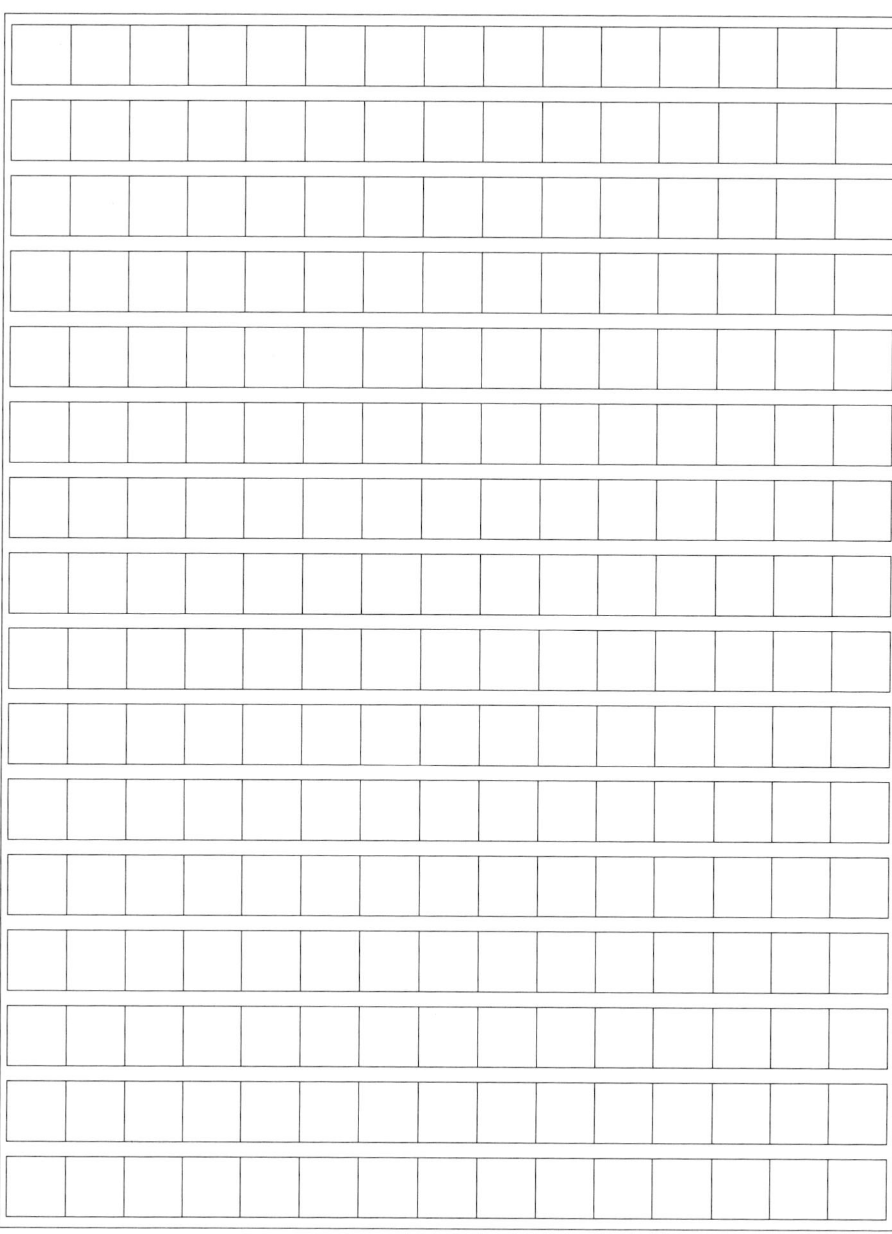